# *ESCAMBRAY*

## La historia que el totalitarismo trató de sepultar

**Idolidia Darias**

Instituto de la Memoria Histórica Cubana

Título original:
**Escambray**
**La historia que el totalitarismo trató de sepultar**

Copyright 2008
**Instituto de la Memoria Histórica Cubana**


ISBN: 978-1508519355


Ediciones Memorias
Miami, E.U.A.




Editado:
**Instituto de la Memoria Histórica Cubana**
**Contra el Totalitarismo (IMHICT)**

*...hombre nuevo de Cuba,*
*Abroquelado entre la propaganda y los cerrojos,*
*Triste de interrogantes, de sonrisas y miedos,*
*Con una sola ventana para mirar el mundo.*
*A ti no te han dejado conocer que existen los Boiteles,*
*los con un nombre múltiple,*
*los sin nombre, no importa,*
*los que se llaman rebeldía,*
*los que se llaman libertad,*
*los que se llaman hombre,*
*que los han puesto a morirse a la sombra,*
*entre la telaraña y el veneno,*
*y en el fondo de un túnel sueñan aún y alumbran.*
*Tú no lo entiendes.*
*Y, sin embargo, sueño... Espero en ti,*
*Porque es tan importante que lo entiendas.*

Ángel Cuadra. (Fragmentos del poema "Mensaje a no sé quien". Escrito en la Prisión Política Cubana en mayo de 1972.

# Escambray.

# ~1~

La zona central de Cuba está marcada desde el centro y hasta el sur por elevaciones que conforman un macizo montañoso. Poblados como Fomento, Trinidad, Manicaragua, Cumanayagua y Mataguá sirven de marco para delinear todo el gran Grupo Guamuhaya que no desdeña de ninguna manera la existencia de asentamientos más pequeños como Condado, Báez, Agabama, Barajagua, y otros caseríos que le rodean. Es un territorio al que siempre se le ha llamado Región Escambray.

Todos esos poblados resultaron importantes en los diferentes períodos en los que Cuba ha padecido procesos insurreccionales porque las condiciones geográficas del macizo montañoso favorecían a los insurgentes que usaban a los poblados como punto de encuentro y de partida. Estos asentamientos sirvieron a las fuerzas regulares como base para acceder a las zonas intrincadas donde se encontraban los alzados, ya fuese en la época del régimen del general Fulgencio Batista o en la tiranía de Fidel Castro.

Cualquier persona que en tiempos pasados se alzó o ayudó a los hombres que subieron al Escambray para enfrentar a la dictadura de turno tiene que hacer referencia a su paso por algunos de estos lugares para subir a las montañas. También eran de obligada referencia dichos poblados para hacer llegar alimentos, medicinas y mensajes hasta los campamentos donde se nucleaban los 'alzados'.

De antemano, toda esa ayuda implicaba persecución, vigilancia y control por parte de las estructuras militares en ambos momentos de la insurrección. No era posible enviar hacia donde estaban las tropas lo que se necesitara sin que se corriera el riesgo de ser detectado y detenido por las fuerzas del ejército primero o por la milicia comunista después. Tampoco los que servían de prácticos (campesinos y conocedores del lugar todos), podían encaminar a alguien sin temor a ser detectado y caer en manos de los casquitos primero o de la 'milicia revolucionaria' después.

El campesinado que vivía en la zona, en su inmensa mayoría, ayudó a los que subieron a las montañas para enfrentar a Batista. Después, cuando Castro traicionó e implantó el comunismo, esa masa campesina ayudó a quienes se alzaron.

Muchos campesinos consideraron válidas las razones esgrimidas por quienes enfrentaron el nuevo régimen que hablaba de comunismo y practicaba expropiación de bienes, atropellos y abusos.

Fue muy natural antes de 1959 que personas como William Morgan, Eloy Gutiérrez Menoyo, Plinio Prieto, Rolando Cubela, Faure Chomón y otros que harían esta relación muy extensa recibieran colaboraciones y ayudas decisivas de los pobladores de la zona montañosa y de las inmediatas al Escambray. También cuando varias de esas personas se enfrentaron al castro-comunismo los campesinos volvieron a serle incondicionales.

Fue una realidad que entre las tropas que se identificaban como rebelde había desunión. Había serias discrepancias entre los diferentes grupos insurgentes que operaban en la zona y un ejemplo fue cuando Ernesto Che Guevara llegó al Escambray que no pudo imponer su voluntad en la medida que lo deseaba y servía a los intereses del Movimiento 26 de Julio.

No se puede negar que entre los 'alzados-rebeldes' hubo hombres de bien, valientes, honrados, con principios e hidalguía, propios de cubanos herederos de una tradición democrática validada por la constitución de 1940 e irrespetada por Fulgencio Batista años después. Pero también hubo 'alzados-rebeldes' indignos, engreídos, asesinos, abusadores, con ínfulas de líderes.

Posteriormente, cuando Fidel Castro inició la preparación para instaurar en Cuba un régimen totalitario muchos de los antiguos combatientes contra Batista se enfrentaron a la nueva dictadura, sin embargo otros que habían dicho que estaban a favor de la libertad y la democracia, aceptaron ser cómplices y verdugos del régimen más horrendo que ha padecido nuestro país.

Mirar a la luz de varias décadas los hechos ocurridos en esos tiempos proporciona a los observadores e historiadores suficiente capacidad de reflexión para enfrentar la verdad y divulgarla sin ánimo de desprestigiar o minimizar a ninguna de las partes.

Quien ha leído con sentido de análisis y compromiso histórico los testimonios de comandantes de la revolución que aún están activos en las FAR y el MININT han podido apreciar (pese a que esos libros ofrecen la visión de los vencedores) que durante la insurrección hubo de todo en cuanto a actitud ante la lucha y la vida se refiere.

En los relatos a los que hacemos referencia se aprecia que hombres, en su mayoría carentes de alimentos, armas, medicinas y avituallamientos, torcieron en ocasiones el camino y no actuaron como correspondía, por lo que fueron juzgados y sancionados según las leyes del Ejército Rebelde que no siempre midió con la misma vara (bárbara, pero vara al fin) a los que se le aplicaba la "justicia revolucionaria" dentro de la tropa insurrecta. Suponiendo que a aquella práctica se le pudiera llamar justicia.

Muchas de esas acciones quedaron en el silencio, otras en el olvido, y algunas narradas muchos años después por oficiales de alto rango en libros como "Secretos de Generales". Estas publicaciones han dejado un margen para que el lector sagaz aprecie el contexto y comprenda que los hombres por su condición humana no escapan jamás a conductas, actitudes y procederes que solo tienen como diferencia la geografía y el tiempo, pero no el sentido lógico del devenir histórico.

En el lomerío del Escambray los guerrilleros contrarios a Batista no siempre escribieron la historia bella e inmaculada que después difundió el castrismo cuando tomó el poder y tuvo que enfrentar la resistencia más fuerte y enérgica que se le hiciera a la tiranía en todo el país.

La historia que existe en los manuales oficiales para dar clases en la aulas del régimen no es más que el cuento de los vencedores y la visión que ellos han querido dar a partir del egocentrismo, y el estilo jactancioso que los resume como hombres marcados por ideales nefastos y de tendencias fundamentalistas.

Por eso, para quien vivió allí y escuchó a los campesinos sin voz (porque el comunismo los silenció) contar a veces en voz baja a sus allegados la verdad del Escambray desde una perspectiva sencilla pero real, el discurso oficial se torna difícil de creer.

Resulta propio de seres execrables adaptar la historia de una nación a una "virtualidad" que suele ser incomprensible para el sentido común del individuo que vivió esa realidad: para el individuo que ha buscado la verdad por sus propias indagaciones y no se ha conformado con lo que dicen los libros comunistas.

Pero lo que no tiene calificativo es lo que hizo el régimen a partir del año 1959 con la verdad y con la propia enseñanza de la Historia de Cuba. Diseñaron e impusieron un sistema educativo e informativo a partir de un Departamento de Orientación Revolucionaria (DOR) que se encargó de crear libros para la enseñanza y para la lectura recreativa donde sólo se podía exponer la 'verdad del castrismo'.

Cuanto material de estudio o libro de lectura salió de las imprentas nacionales era revisado por el organismo de orientación revolucionaria, y si no se ajustaba a los parámetros impuestos en la enseñanzas del sistema revolucionario era eliminado del programa de estudio o recogido de las bibliotecas públicas. Desde 1959 hasta la fecha el régimen ha actuado de esa manera.

Los que nacieron a partir del 1955 y por ende estudiaron en las aulas cubanas y crecieron al calor de la 'comunicación y de la educación revolucionarias' aprendieron que la verdad era la que se decía en las aulas, en los libros, en la radio y en la televisión y encaminaron su vida de niños y jóvenes por el camino que trazó en el país el comandante Fidel Castro y su élite comunista

A los niños y adolescentes no les quedó otra opción, porque a una isla sólo llega lo que la fuerza aérea y naval que gobierna el país determine y desde luego también llega la televisión y la radio que permita el sistema de comunicación que esté en el poder.

Miles de sucesos, gran cantidad de hechos históricos no son conocidos por los que se educaron y educan bajo el régimen totalitario, precisamente porque nunca se han publicado ni se ha hecho referencia a los acontecimientos con limpieza y exactitud.

Vale la pena para quien no vivió esa etapa o era muy pequeño inducirlo a mirar de nuevo la historia de Cuba y razonarla con mayor profundidad primero, y a tratar de recomponerla después sin conformarse sólo con el discurso oficial.

Escuchar al hombre de pueblo que vive aún en cualquier poblado del territorio del Escambray y vio cómo fueron los hechos entre 1960-1970, sin forzarlo a tomar partido ni pedirle que alabe o critique ni a 'bandidos' ni a 'milicianos', ayuda en todos los sentidos a que la verdad sea diferente a la que cuentan los manuales de Historia.

# ~2~

En el año 1959 triunfó en Cuba la revolución. Fidel Castro pronunciaba discursos extensos. A toda hora y en todos los lugares posibles llamaba constantemente al pueblo a la unión, a recomponer el país, a construir una nación perfecta. Calificó al régimen anterior de Fulgencio Batista como una etapa oprobiosa, lo calificó de tirano, asesino y prometió que el país en lo adelante sería libre, soberano y eliminaría todos los 'males' y 'vicios' que Batista había permitido.

A los campesinos les habló de leyes de Reforma Agraria para que fueran dueños de la tierra que trabajaban, les aseguró que sus hijos podrían estudiar en las mejores escuelas y al mismo tiempo mandó a intervenir propiedades, creó el Plan Escambray y envió equipos de interventores a confiscar tierras y propiedades particulares.

Al pueblo en general le permitió gratuidades de todo tipo, escuelas para superarse, pero becadas y lejos de la familia, donde el sistema educativo comunista los pudiera adoctrinar.

Suprimió alquileres, promulgó intervenciones. Nadie pudo tener más de una casa porque la segunda le fue confiscada. Cerró escuelas privadas y religiosas. Clausuró revistas y periódicos particulares, que pasaron a ser dirigidos y controlados por la Revolución, por tanto lo que se publicara en ellos debía responder al sistema ideológico 'revolucionario'.

La inmensa mayoría, valientes, cobardes, dignos, indignos, buenos, malos, hombres, mujeres, masa humana con defectos y virtudes, pero pueblo al fin, creyeron haber arribado a la meta y consideraron tener los pies puestos en el peldaño de la transparencia, de la verdad.

Época en que los errores se olvidaron y hubo alabanzas a los valientes. Valentía que minimizaba al 'enemigo' y solo era verdadera y reconocida si la hacían los rebeldes. La población en general fue inducida a ver que: un futuro de sueños estaba por delante y había que construir una sociedad nueva que necesitaba de la unión de todos, del batallar consonántico del pueblo.

Primero sancionaron los 'culpables', condenaron a los 'perversos', ejecutaron a quienes supuestamente tuvieran en su pasado hechos de sangre, sin averiguar mucho si era verdad o mentira, ni apelar a una acción legal ordenada (fue la disposición de Castro y de sus colaboradores mas próximos y el pueblo la consideró justa y necesaria porque el carisma del orador parecía convincente cuando hablaba y ordenaba).

La Revolución creó tribunales revolucionarios y comenzó un espectáculo macabro, dantesco. Cierto que sancionaron algunos culpables pero también que ejecutaron a cientos de inocentes. Se fue muy vil con el que mantuvo la frente en alto. A veces fueron condescendientes con el que se pasó de bando o se plegó.

Los 'tribunales revolucionarios' eran amañados, pisoteaban la ley sin el menor escrúpulo. Cualquiera servía de testigo para acusar y en ocasiones los testigos no conocían al enjuiciado. Había un fiscal, un juez y un abogado defensor que de manera lánguida sólo se limitaba a decir el bocadillo 'pido clemencia para mi defendido'.

Etapa de confusiones, de pesadillas, de accionar irreflexivo que desató en hombres de bien descontento, que produjo malestar, asco y rechazo de personas acostumbradas al respeto y apego a la legalidad y el orden ciudadano.

La herencia pluripartidista que tenía Cuba, el respeto a la diversidad y la democracia que imperaba en la isla pese a algunos lamentables actos como el golpe militar del 10 de marzo de 1952 que patrocinó Fulgencio Batista, empezaron a ser seriamente amenazados.

Surgieron voces que reclamaron a los comandantes

establecidos en el poder rectificar sobre el camino, pero no se aceptó el reclamo por parte de Castro y su élite. No se quiso tener en cuenta, al menos, la más mínima sugerencia.

Comenzó un capítulo que ningún estudioso encuentra en los libros de Historia de Cuba que hayan escrito dentro del país y bajo la égida del poder comunista.

Conocido por todos en Cuba es que Húber Matos 'traicionó'. Aunque el comandante Matos sólo renunció a su posición la visión que dio el gobierno siempre fue la de un hombre ambicioso sin sentido del honor. Todos los oficiales que acompañaron a Matos en su renuncia también fueron considerados traidores.

Fidel Castro en una de sus tantas intervenciones públicas contó mil barrabasadas al pueblo sobre esa según él 'sonada traición'. La calificó de impropia, repudiable y vil. Hubo muchos hombres que tuvieron reticencias sobre el caso de Húber Matos, otros decidieron hacerlas públicas, los últimos pagaron caro la decisión.

Nunca se dijo, ni se dirá mientras los Castro vivan y ostenten el poder, que Matos pidió la renuncia porque vio frustrados sus ideales de democracia y pluralidad en Cuba, y porque el término socialista y comunista le parecieron muy fuertes para pronunciarlos en el Caribe

También en esa etapa en otros hombres que habían sido compañeros de lucha de Castro en el Moncada, en el Granma y en las guerrillas orientales, sugirieron similares inquietudes sobre el rumbo que iban tomando las acciones del castrismo en Cuba. Sin embargo quedaron para siempre y por obra y gracia del terror y la censura encerrados en frías mazmorras por 30, 20, y 10 años. Cientos fueron fusilados, otros borrados de fotos del período insurreccional por obra y gracia de la invención fotográfica. No hubo para esos hombres términos medios. Fueron juzgados y condenados. Tapiados y silenciados sin el más mínimo titubeo.

Las listas de presos políticos, de fusilados, fueron extensas, los suicidios en prisión por habérseles quebrado la capacidad para soportar la tortura, afloraron.

Hombres y mujeres de conducta meridiana resistieron estoicamente en la prisión hasta el último mes y día, sin otra actitud que no fuera mantener la frente alta y la dignidad a flor de labios y piel. Aún cuando sabían que en su país los consideraban traidores y la última 'escoria humana', y que ya eran 'no personas', mantuvieron desde las prisiones la llama encendida para no plegarse jamás ante el caudillo que tomó el poder y manejó todo el país a su antojo y les habló al pueblo en un tono y les trató con otro.

A todo aquel que de una manera o de otra manifestara desacuerdo con cualquier decisión o idea del Gobierno Revolucionario que encabezaba Fidel Castro empezó a llamársele 'contrarrevolucionario'. Ese término comenzó a crear hálito de maldición para los que no lo siguieran. Se convirtió en una categoría nacional que definía a las personas como buenas, decentes y honestas, si eran revolucionarias; como viles y descaradas si eran contrarias a las ideas que se promovían en todas las plazas públicas. Muchas familias convirtieron sus casas en una trinchera de ideas en la que llegaron a alistarse en bandos diferentes hermanos, padres e hijos.

Todo el proceso que se había iniciado en la Sierra Maestra se le tenía que llamar Revolución y hasta en las aulas y en los materiales que se imprimieran había que escribirlo con mayúscula porque como era la Revolución Cubana única en el mundo (así decía Castro en sus discursos) era imprescindible escribirla de esa manera distintiva. No hacerlo constituyó una falta de ortografía que penalizaba al estudiante con un punto menos en la calificación.

También en esa época Castro habló del comunismo y de la futura proyección socialista en Cuba. El consideró y así lo hizo saber una vez más en sus discursos que el país se enfilaría por esos rumbos para llegar a la meta suprema -*el comunismo*-.

Quienes se opusieron a ese otro modo de mirar el futuro en Cuba, quienes vieron el horror en el comunismo y lo manifestaron fueron incorporados a la lista de los 'contrarrevolucionarios'.

En un abrir y cerrar de ojos en Cuba el solo hecho de tener una idea diferente a la que tenía Fidel Castro y los miembros de su élite gobernante convertía al ser humano en un contrarrevolucionario, no importaba si era un desacuerdo religioso, cultural, social o moral. De cualquier manera cargaba con el calificativo.

No obstante la verdad quedó ahí, invisible, en una presencia ausente.

Por eso, ciudadanos conscientes de que lo que estaba pasando era repudiable y de que el comunismo era un término que no se avenía con la herencia patriótica, comenzaron a fraguar una insurrección a imagen y semejanza de la que acababan de protagonizar los llamados rebeldes, sólo que esta vez no era contra Batista.

Concretando las consecuencias de los actos del régimen, miles de hombres se sintieron traicionados por Castro, pues no pelearon en condiciones tan difíciles y adversas para que Cuba emprendiera un camino comunista.

Aquellos ciudadanos descontentos y convencidos de que había que actuar concluyeron que el escenario más apropiado para la lucha de los insurgentes eran las montañas, desde allí se prepararían y de nuevo buscarían una respuesta que evitara la tormenta que los más lúcidos comenzaban a avizorar.

# ~3~

## Alzarse en ese momento tuvo otra connotación.

*Pero cuando la libertad vaya a vestirse nombres,*
*Usará también un nombre de éstos,*
*Que vienen de los tiempos y se pierden en las telas del futuro.*
*Tendrá estos huesos y esta hambre.*
*Pues sin esta sustancia no es posible que el mañana dé frutos.*

En 1960, luego de cuidados intensos y de precauciones extremas, cubanos anónimos y de forma clandestina ayudaron y colaboraron para que subieran a las montañas los primeros 'alzados'. Esta vez el término alzado alcanzaba otra carga semántica. Los primeros lo hicieron contra 'la tiranía batistiana', los siguientes contra lo que comenzaba a imponer Castro con sus evidentes instrumentos inquisitoriales.

Fue en ese momento que el castro-comunismo consolidó una estrategia semántica que se convirtió en hábito nacional. El vocabulario cubano empezó a aceptar términos según conveniencia del sistema.

Quien subió a las montañas porque estaba en contra de Castro dejó de ser un hombre honorable y se le empezó a llamar -bandido-, las guerrillas que conformaron esos valientes y temerarios cubanos alcanzaron el calificativo de 'bandas de alzados'.

Los del antiguo Ejército Rebelde y los cubanos mal informados de a quien y porqué iban a combatir se les llamó 'milicianos', que por demás la historia los contempla como hombres de bien, capaces, valientes, casi perfectos. Los 'famosos bandidos' cargaron con todas las manchas morales, sociales y personales posibles.

Al proceso de ir al Escambray a exterminar esos 'alzados'

se le llamó "Limpia del Escambray" (desde luego si apelamos al verdadera uso del idioma español debía llamársele la limpieza del Escambray porque según el Gobierno Revolucionario eliminarlos y sacarlos de allí constituía una limpieza de escorias y seres abyectos, pero en realidad se la llamó así a nivel nacional y desde esa época hasta la actualidad, así la califica el sistema comunista cubano.

Hasta ese momento personas como Sinecio Walsh, Plinio Prieto, Osvaldo Ramírez, Edel Montiel, Vicente Méndez, Joaquín Membibre, Porfirio Ramírez y otros, no eran considerados individuos de la peor calaña porque ostentaban grados del Ejército Rebelde que habían adquiridos en enfrentamientos con fuerzas del ejército de Batista.

Sin embargo, desde el momento que se alzaron comenzaron a ser identificados como bandidos de la peor especie, de muy 'baja catadura moral' y de cuanto término ofensivo permitió la jerga guapetona que en aquellos momentos invadía el verbo de Castro, del "Che" Guevara y de sus comandantes seguidores, que muy bien podrían conformar una extensa lista de nombres.

Años después, ya por 1970 algunos escritores cubanos recogieron testimonios del Escambray y desde distintas posiciones dentro de lo que cabe y permite el Gobierno Comunista de la isla hicieron libros en los que figuraban testimonios de diferentes hombres involucrados de una u otra manera en aquella cruzada maldita que vivió el Escambray.

Y resulta interesante cuando se analizan esos libros de Editoriales Cubanas como "Bandidismo en el Escambray" de Julio Crespo Francisco y "El caballo de Mayaguara" de Osvaldo Navarro ver el tratamiento que da ese famoso y cruel "cazador de bandidos" Gustavo Castellón "El Caballo" a la figura de Osvaldo Ramírez. Castellón tilda con términos impropios a alguien que hasta hacía unos meses pertenecía al Ejército Rebelde. De igual manera sucede con algunos testimonios que recoge Julio Crespo Francisco en "Bandidismo en el Escambray".

Sobran ejemplos en esos y otros libros que se escribieron en Cuba tratando el tema. En todos no hay uno solo de los calificados como "bandido", que tenga un átomo de bondad.

Y desde luego para quien haga un análisis meridiano aflora la interrogante..., ¿mientras fueron del ejército rebelde tales manchas no se apreciaron, no se analizaron? O no las quisieron ver porque... todos, como seres humanos al fin y al cabo somos vulnerables a una u otra actitud.

Respuestas a estas inquietudes sólo se encuentran investigando la verdadera historia de Cuba que sin dudas llevará al investigador a descubrir que el castrismo modificó toda la semántica de una generación que empezaba a quedar desinformada de la realidad circundante y que arrastra hasta la fecha un cúmulo imperdonable de omisiones, falsedades, adulteraciones.

Los medios de difusión ya todos en manos del poder comenzaron a perfilar la imagen de los 'bandidos'. Si no presentaban combates perfectos, los tildaban de cobardes, si combatían gallardamente y en el combate caía algún miliciano los llamaban asesinos y se advertía de que eran hombres de sangre fría listos para matar a cualquiera. Los perseguían con toda la fuerza y saña y si caían prisioneros los fusilaban achacándoles el 'supuesto crimen del miliciano caído en el combate'.

Es importante destacar que casi todos los jefes guerrilleros habían sido personas con nivel cultural y con prestigio y autoridad en la zona donde operaron cuando eran miembros del Ejército Rebelde. Pero en cuanto enfrentaron al castrismo pasaron a ser considerados brutos, despiadados, y sin honor.

# ~4~

Se explica en los inicios que determinados poblaciones fueron importantes, porque sirvieron de puntos de ayuda y colaboración para los rebeldes o alzados que alcanzaron las montañas.

En esta nueva etapa de insurgencia volvieron Trinidad, Fomento, Condado, Manicaragua, Mataguá y Cumanayagua a ser importantes plazas de ayuda y colaboración con los alzados contra Castro; y los campesinos que vivían en los alrededores de lomerío y poblados el foco fundamental, decisivo y único que tuvieron los nuevos guerrilleros como en realidad debe llamárseles.

En los primeros meses del año 1960 había definitivamente grupos nutridos de alzados en las montañas. Se destacaron entre los primeros jefes de esta etapa, Plinio Prieto, Edel Montiel, Evelio Duque, Osvaldo Ramírez, Sinecio Walsh. La mayoría habían sido jefes guerrilleros contra Batista. Tenían experiencia en ese tipo de acciones y contaban con campesinos simpatizantes que ya en la otra etapa les habían colaborado y ayudado.

Por ser jefes de guerrillas conocidos y respetados desde la etapa anterior muchos campesinos consideraron aceptables los argumentos que justificaban el nuevo alzamiento. Aceptaron como necesaria esa otra vuelta de ellos a las montañas.

Sin preámbulos unos se incorporaron a la guerrilla, otros determinaron servir de colaboradores por las posibilidades que tenían como dueños de fincas y de tiendas y por último los viajantes o vendedores ambulantes se prestaron para colaborar por su condición de andar frecuentemente por la zona sin levantar sospechas. Sobraron los que comprendieron que el comunismo no era lo mejor para ellos y su familia y que si ese era el lenguaje que se iba a hablar en Cuba no se podía esperar piedad.

Convencidos de esas ideas se sumaron a un complejo sistema de ayuda desinteresada pero encubierta que muy pronto comenzó a tornarse peligrosa y fatal para los habitantes del Escambray. Sin saber cómo ni porqué la vida situó a los campesinos en el centro de un tiempo turbulento que les marcó un escabroso camino de amarguras, de obligadas renuncias, de desarraigo total.

La historia que se imparte en las aulas, la que se grita en las tribunas, la que se analiza y ofrece en las mesas redondas, la que se vende en los estanquillos y en algunas ferias del libro en Cuba no recoge los testimonios de quienes pasaron a formar la larga lista de reconcentrados, de fusilados, de acribillados a balazos en combates desiguales, de condenados a 20 y 30 años de prisión como consecuencia de la tristemente conocida "Limpia del Escambray".

Un poco de paciencia y otro de amor y dedicación ha servido para recomponer partes de la historia sumergida que aún está en las tumbas de inocentes fusilados, de hombres masacrados a balazos en combates desiguales, en los corazones de mujeres que lloraron la partida obligada, impuesta de sus hombres a Pinar del Río, a Camagüey, al exilio y al campo santo.

Algunos todavía atemorizados cuentan en voz baja lo que sufrieron y soportaron por el simple hecho de 'ser del Escambray'.

No obstante para ganar claridad en lo que se pueda decir y valorar de esa época, es necesario volver a ella para dar una panorámica de todos los bandos y posiciones, pero con una idea no viciada por simpatías comunes, lazos o pertenencias ideológicas.

En una parte, Fidel Castro como máximo líder, buscando todos los mecanismos capaces de mantenerlo en el poder (inclúyase la radio y la prensa que en esos momentos estaban bajo su control). A su lado un grupo de comandantes manchados de todas las máculas rebeldes que adquirieron en su avance de Oriente a Occidente.

En otra dirección, miles de cubanos decepcionados tratando de irse lejos del aullante lobo caribeño porque vieron a hombres buenos entrar a las cárceles con tantos años de condena y porque sintieron demasiado cerca las descargas de pelotones de fusilamiento arrancar sin contemplaciones las vidas de inocentes, ya fuera por culpas magnificadas o por errores imperdonables.

En medio de todo el espectáculo miles, millones de personas confundidas, asustadas, creyendo lo increíble, olvidando lo inmediato y lo mediato, aceptando y aprobando a gritos cualquier discurso desaforado, campaña marxista, o palabrería fálico gestual a la que Castro y sus seguidores se habían acostumbrado y que ahora trataban de imponer como un estilo de comportamiento social.

Etapa de confusión que condujo a quienes sabían en qué podía parar todo aquello, a tomar decisiones determinantes: el enfrentamiento armado y el clandestino.

En las montañas, los alzados. En las ciudades los encargados de garantizar efectividad de la lucha. En el exterior, cubanos comprometidos con esa causa dispuestos a ayudar enviando armas, alimentos, medicinas.

En el poder, la élite del tirano Castro apelando a variantes criminales para evitar a toda costa que algo o alguien pudiera socavar la "sangrienta paz" que trataban de imponer.

Y en el centro, atrapados en una niebla de confusiones, los campesinos que otra vez veían frustrarse los anhelos y esperanzas de un tiempo mejor.

Con todas estas realidades impuestas y superpuestas comenzó el centro de Cuba a hacerle frente a Castro en un combate que desde el primer momento afloró como desigual y que no fue reflejado por los medios de difusión con la exactitud que requería la lógica de los honestos.

Norberto Fuentes quien en una etapa de su vida escribió sobre el Escambray reflejando el punto de vista del castrismo y exaltando la valentía de los milicianos tuvo acceso a archivos y datos fidedignos del régimen para hacer sus libros pero años después rompió con Fidel Castro y la revolución cubana y en un libro escrito para hablar de otros incidentes de la historia del castro- comunismo hizo referencia al tema del Escambray con una visión algo diferente a la que dio en sus primeros escritos y dice en "Narcotráfico y otras tareas revolucionarias".

*"Tomen nota. A lo largo y ancho del país, durante cinco años, las tropas revolucionarias combatieron a 3 995 alzados, de los cuales el grueso 3 591 estaba desplegado en el Escambray, una fértil región montañosa en el centro de Cuba. La campaña de contrainsurgencia por sí solo produjo 549 revolucionarios muertos y unos doscientos inválidos. No hay datos exactos (al menos para mi colección) de las bajas del bando contrario. Pero de los 3 995 alzados de todo el país, los muertos en combate y fundamentalmente los fusilados después de su captura se acercan a los 3 000. La cantidad de bajas no es comparable con los estándares europeos y ni siquiera con el de la Guerra de Secesión, pero eran números dramáticos para la entonces población cubana de casi 7 millones".*

Muchos campesinos que vivieron en carne propia esa etapa en el Escambray y que por razones políticas tuvieron que abandonar su país años después como refugiados y asilados políticos viven convencidos de que fue realmente una Guerra Civil lo que hubo en el Escambray. Sin embargo los libros de Editoriales Cubanas jamás han profundizado en esa temática ni han hecho análisis lógicos y profundos del tema.

Los escritores empeñados en reflejar esa época solo se han dedicado a recoger en sus libros los testimonios de los vencederos y de manera muy pálida y vaga los testimonios de los vencidos. No obstante la intención de plasmar lo que enaltece y 'llena de gloria' a los milicianos y a las tropas de Castro, cuando los entrevistados han dado sus opiniones no han podido dejar de reflejar la crueldad y la falta de escrúpulos que hubo en esa Guerra. Hay que afirmar con toda certeza que debe haberle sido muy difícil a los historiadores no dejar traslucir el salvajismo de los que arremetieron en esas montañas contra pequeños grupos de hombres que solo reclamaban para su nación el fin de la implantación del comunismo y respeto a la ley.

Fue aquella sin lugar a dudas la primera "Cruzada Perversa" de Castro contra su mismo país, contra sus propios coterráneos. Fue también la primera evidencia pública de que para lograr consolidar su poder no importaba que corriera sangre cubana, que se mataran hermanos, que se masacraran amigos, que se vendieran las almas al Diablo, que hubiera verdaderas carnicerías humanas en las montañas y llanos de la Región Central de Cuba.

Fue una confrontación civil.

Tan es así lo anteriormente afirmado que es obligatorio citar fragmentos de un libro publicado en Cuba donde un personaje muy conocido de la lucha contra 'bandidos' narra sus peripecias con orgullo. Para este individuo matar a un hombre fue el acto más natural del mundo e incluso los contaba como trofeos de guerra y cito del libro 'El Caballo de Mayaguara' del autor Osvaldo Navarro, algunos momentos narrados por ese cazador de 'bandidos', para que cada lector pueda arribar a sus propias conclusiones:

(Respeto el original y aunque hay frases que pueden ser consideradas obscenas y de mal gusto no se hizo ningún cambio pues la verdadera esencia de muchos de los hombres-milicianos y oficiales que participaron en esa lucha hablan por la propia boca de ellos).

*Pero un día me enredo en combate con el gallo aquel y cuando lo veo delante de mí, le digo: 'Te cogimos en un cerco arriba de un palo, el gobierno revolucionario tuvo una consideración contigo, y te volviste a alzar. A título de lo que habías hecho antes y lo que has hecho ahora te ganaste los grados de capitán. Tú eres el asesino de Valentín Alonso, y de su hijo, y de Ricardo Díaz. Pues te cagaste en tu madre cabrón'. 'Cogí el FAL, hice así: raaaaaas, un rafagazo, y voló en el aire. El peo tiene que haberse oído en Santa Clara'. 'Y díceme después el comandante Tomassevich: "Caballo la orden es de cogerlos vivos". Y dígole 'Yo lo sé, comandante, pero con este no me pude contener'.*

*...Pero no era ese mi estilo, porque cogí a muchos de ellos heridos, que me decían: 'Acábame de matar, Viejo e mierda, comunista e mierda'. Y yo les decía: 'No, que te maten los tribunales. Si eres un asesino no te salvas, pero si no, seguro que te condenan, pero yo no tengo que matarte'.*

*...y el mondongo se le cayó para el suelo y le daba brinquitos. Y cuando llegó a donde estaba, me decía: 'comunista, el coño de tu madre, hijo de puta, acábame de matar'. Y como ya venía medio ciego por lo del asesinato del miliciano, le dije:' Y te la arranco cabrón'. Había una clase de frío en aquellas lomas. Hice así: Brrrrrruuu, con la FAL, y le salió humo del pelo, de la neblina que había.*

*...me dan la orden de agarrar a un individuo que venía de Fomento y entraba hasta La Redonda. El hombre no pedía dinero. Lo suyo era llevarse maíz, yuca, boniato, plátanos y cosas así, pero estaba afectando la zona. Me dijeron: 'Caballo tú que andas por ahí, mira a ver si te empatas con ese ratero...y si tienes que ahorcarlo, lo ahorcas...'*

*...Cogí al tipo y me lo llevé para abajo de unas matas que había. Le puse una soga en el cuello y la tiré por encima de un gajo con la idea de ahorcarlo. Recuerdo que me eché para atrás sobre el caballo en que andaba con la idea de cumplir la orden que me habían dado. Pero el hombre traía un niño, un niño como de diez años. Y cuando le puse lo soga al cuello, que lo iba a levantar, el niño se abrazó llorando y le dijo: Ay papito o algo así. Aquello, como padre al fin y como hombre de buen corazón, me llegó al alma.*

# ~5~

**Todas las guerras civiles no son iguales, pero son.**

En cualquier dirección que se pretenda reflejar la historia del Escambray, sin apasionamientos ni indiferencias, es necesario, obligatorio, recurrir a varias fuentes y hacer análisis desde todos los ángulos posibles para demostrar con exactitud esa etapa de la Historia de Cuba y para expresar también que cuando se habla de la historia reciente de Cuba hay que trabajar para promover un análisis verdadero, exacto, de la realidad.

Es imprescindible también dejar bien claro que si se quiere ser realista y cabal todo lo que se diga del Escambray tiene que estar vinculado a los campesinos de la zona porque ellos fueron el eje fundamental de los innumerables acontecimientos que allí tuvieron lugar.

Una fuente importante (aunque a algunos de pronto les pueda parecer ilógico) es también el libro 'Bandidismo en el Escambray' del autor cubano Julio Crespo Francisco, Editorial Ciencias Sociales, Habana 1989) quien en aquel momento amparado como todos los escritores identificados con el régimen se dio a la tarea de recopilar testimonios de variados personajes y personajillos que participaron en esa Guerra Civil.

A pesar del ánimo exaltador de los que impusieron la fuerza en el Escambray contra los guerrilleros o alzados, no puede negar que de alguna manera algunos de sus entrevistados ofrecieron evidencias de lo que allí ocurrió y dan una visión para valorar aquella realidad.

Un análisis exacto nos lleva a plantear que pese a estar esos entrevistados presionados por las circunstancias sociopolíticas impuestas, la realidad fue tan cruel, tan salvaje, tan nefasta que por ninguna vía se puede tapar lo que significó la Guerra en el

24

Escambray para los que allí vivían y para los que tenían plena conciencia de la tiranía recién iniciada.

(Testimonio del Emerio Hernández- Oficial del MININT que participó en -la 'limpia'- y se recogen en el libro antes mencionado.

*...En el año 61 se tomó por primera vez la medida de sacar del Escambray, sin sancionar, a todos aquellos campesinos que hubieran colaborado con los bandidos y fueron situados en la comunidad Sin Nombre que está cerca de Santa Clara. Allí se les dio una casa de placa y otras comodidades que nunca habían conocido y se comenzó el trabajo político con ellos. Pág. 293*

*...Después en Julio de 1963 se hizo otro traslado importante con una ofensiva general para dejar desintegrada la red de colaboradores de los bandidos. Se detuvo a los que tenían mayor participación, hasta tanto se terminara de construir el pueblecito de Sandino, en Pinar del Río; mientras se terminaba el pueblo fueron ubicados en Miramar, La Habana. Esta segunda medida tuvo la peculiaridad de que no solo desintegró la red, sino que evitó que muchos de esos campesinos se vieran obligados a seguir colaborando con los alzados. Pág. 293*

*...La última medida fue tomada como en el 71, porque resultaba que ya muchos bandidos y colaboradores, después de cumplir sanción, habían regresado a vivir en el Escambray. Pero hay que analizar que la lucha de clases siempre estuvo bien definida en el Escambray, donde no había términos medios, sino revolucionarios y contra-revolucionarios... Pág295*

*...Entonces sucedió que los revolucionarios veían allí a los mismos que habían colaborado indirectamente en esos crímenes y en aquella situación, lógicamente, tomaron la decisión de trasladar a esas pocas familias hacia unas comunidades que se hicieron en Pinar del Río y Camagüey.*

(Testimonio de Ciro Vera Catalá - (del mismo libro) -Ex-Bandido capturado en 'la limpia', sancionado y que cumplió prisión, también ofreció sus impresiones al autor del libro.)

*... Yo estuve sujeto a investigaciones durante casi dos años; en*

*todo ese tiempo, en el que recogieron las declaraciones de distintos alzados, se comprobó que yo no tenía crímenes, que si bien había estado alzado no había cometido ningún hecho de sangre, ningún crimen. En el juicio me salieron 30 años... Pág. 297*

*... Por el año 60 fue cuando Eduardo Carbonel, Osvaldo Ramírez y Tomás San Gil se me acercaron y conversaban de que esto era comunismo y del asunto de la patria potestad y eso; ya a Osvaldo Ramírez lo conocía de Ciego Ponciano. Recuerdo que cuando aquello habían intervenido la finca del suegro mío, y también me plantearon lo de las tierras y de que nadie tendría nada, que seríamos esclavos y otras cosas por el estilo. Cuando en enero del 61 se produce la Primera Limpia, yo no me había alzado todavía, aunque ya tenía mis contactos con un grupo de hombres... Pág. 112*

En los dos anteriores testimonios llama la atención el de Emerio Hernández cuando dice - *'sacar del Escambray, sin sancionar, a todos aquellos campesinos que hubieran colaborado con los bandidos y fueron situados en la comunidad Sin Nombre que está cerca de Santa Clara'.*

En primer lugar el calificativo 'sin sancionar' es falso y en segundo término habla como si para un campesino sacarlo, obligado, de su entorno y llevarlo a vivir en otro lugar fuera un juego de niños. Además, cuenta de las casas maravillosas y comodidades que les dieron cuando en realidad la mayoría de esas familias fueron a vivir hacinadas en barracones durante mucho tiempo, hasta que al fin pudieron construir sus casitas tan simples y humildes como cualquier otra. Otro grupo de estas familias fueron trasladadas a un reparto de la capital, a casas abandonadas por sus dueños, pero obligadas a compartir la misma residencia con otros campesinos también reconcentrados.

De igual manera el testimonio del ex -'bandido' Vera Catalá cuando cuenta que le sentenciaron 30 años porque *"se pudo comprobar que no tenía ningún crimen ni un hecho de sangre"*, es de comentar porque "sancionar a un hombre a 30 años de prisión simplemente por manifestarse contra el régimen comunista, no es un juego de niños".

(Testimonio de Gustavo Castellón en el libro «El caballo de Mayaguara» del escritor Osvaldo Navarro editado en Cuba por la Editorial Letras Cubanas en 1984.)

*Porque mucha gente no sabe que en aquellos tiempos había una confusión muy grande. Y eso no lo he visto en la mayoría de lo que se ha escrito y en las películas que se han hecho en el Escambray. Hay algunos que pintan la cosa muy sencilla y ven nada más que la parte linda. Bien se ve que no estaban aquí. No creo que sea yo el más apropiado para estar analizando lo que pasó. Yo hablo a grandes rasgos.*

*Al principio, aquí no se sabía quién era quien. Lo mismo se te alzaba un campesino, que un terrateniente, que un oficial del Ejército Rebelde. Y había que estar muy claro para saber dónde estaba el hijo de puta. Se cometían muchos errores, porque casi nadie sabía como había que hacer las cosas, y porque hubo quienes se equivocaron medio a medio respecto a lo que era la Revolución y se la quisieron coger para ellos. Y aquí en el Escambray se hicieron atrocidades. Hay que decirlo: se hicieron atrocidades.*

*Yo recuerdo siempre el caso que se dio en una familia que tenía cuatro hijos, uno de ellos había pertenecido al Ejército Rebelde y fue licenciado sin ningún motivo, recibió muchas humillaciones. Pues el muchacho se alzó contra la revolución. Entonces los otros tres hermanos eran revolucionarios y participaron en la limpia, con un valor tremendo. Y me parece que fueron ellos mismos los que cogieron a su hermano ¡Qué tragedia! Yo digo que eso se pone en una película y hace llorar. La lucha entre aquellos hermanos y los padres sufriendo...*

*Aquí hubo momentos en que había más de cincuenta mil hombres sobre las armas, porque Fidel dijo que si una aguja se perdía en el Escambray, había que encontrarla.*

Desde luego vale aclarar que estos libros no se usan para dar clases y tampoco se sugiere la lectura en las aulas. Están en algunas bibliotecas municipales e incluso el libro Bandidismo, apenas se puede ver en el llamado Museo de la Lucha Contra Bandidos que está en la zona turística o el nombrado casco histórico de Trinidad.

Si los integrantes del MININT, de las Milicias, los colaboradores del G-2 reconocen la turbulencia de esa etapa qué podrá esperarse entonces para el que tenga el ánimo y la paciencia de escuchar los testimonios de campesinos colaboradores de aquellos hombres que con las armas en la mano enfrentaron el totalitarismo. Testimonios de hombres de campo, humildes, bondadosos, sinceros que tienen y tendrán eco en las voces de sus hijos.

Nadie puede sustraerse de la memoria histórica, de la verdad irrefutable, y aunque los años pesan en los vapuleados hombres del Escambray que fueron parte de la 'zona pasto' del Máximo Líder, cierto es que todos reverdecen en su rabia cuando ven otras andanadas del agónico castrismo, o cuando recuerdan cómo les fastidió la vida ese Irrepetible Hombre del Mal.

# ~6~

Tal vez los testimonios por si solo hubieran podido suprimir las primeras páginas de este libro, pero considero que vale la pena esta reiteración si es que pudiera llamársele así.

En cada testimonio escuchado y transcrito al lenguaje de la literatura-histórica hay un respeto absoluto a todo lo que dijeron o valoraron los declarantes porque de cualquier manera que se mire, ellos fueron los más marcados y eso de por sí ya los autoriza ante el tribunal de la verdad a opinar libremente.

En un resumen final, ellos y los muertos fueron los que más perdieron, y son ahora y mañana los únicos que no tienen Nada Nuevo que perder en la Cuba castro comunista.

Los entrevistados lo dijeron todo y a pesar de las duras marcas que en sus rostros y alma dejó el castrismo no olvidaron reiterar su compromiso de seguir respetando, homenajeando y recordando a los que ya no están entre ellos, ya fuese porque una bala les cortó la vida en combate, en el paredón de fusilamiento; o porque la edad y la vida no les alcanzó para extenderse hasta el presente.

También hubo otros que contaron verdades horrendas de lo que se hizo en el Escambray pero por temor a nuevas complicaciones con el régimen comunista de la isla se negaron a que se les reconociera públicamente o se citaran sus nombres. Dijeron y valoraron hechos con una precisión y una claridad tremenda y por último asumieron que preferían el anonimato pero no el silencio. De ellos, los silenciados, se recogen las voces que resumen una oralidad latente en el Escambray que aún ningún escritor, ni literato, ni historiador del régimen ha osado plasmar con imparcialidad y lógica.

De cualquier manera es preciso destacar que tampoco en este libro se agotan todas las experiencias pero por razones de tiempo y seguridad de los que viven en Cuba y accedieron a ser visitados y entrevistados -ex colaboradores de alzados, expresos políticos y familiares de alzados- determinamos ser lo más breve posible, porque a pesar de los años transcurridos y de muchos haber purgado una condena en prisión, todavía son acosados y controlados por la policía política.

También es conveniente destacar que hay una gran realidad que muchos no conocen y es que desde la época del 'Bandidismo' en el Escambray, la región fue declarado Zona P.C.R. (Zona de Potencial Contrarrevolucionario) y eso, en términos castristas, significa que todo lo que allí ocurra tiene que estar seriamente chequeado, controlado y analizado por el alto mando del MININT, antigua G-2, y de las FAR.

Nada puede escapar a su control. Un opositor sabe que cualquier desliz puede costarle muy caro. Solo iniciar una investigación del tema en el territorio es sumamente difícil. Se sabe que inmediatamente comienzan los controles de la SE (Seguridad del Estado), sobre los visitantes y los visitados.

# ~7~

**Pedro Guillén. Prisionero del silencio pero no de la verdad.**

"Yo soy Pedro Guillén, colaborador de bandidos, contra revolucionario, mala clase, sinvergüenza, bandido y todo lo que se te ocurra pensar. Aquí tienes mi mano para saludarte y decirte que leí tu trabajo que habla sobre nosotros los guajiros que fuimos sacados de las lomas y llevados por la fuerza a Pinar del Río".

Esa fue la jocosa presentación que me hizo Pedro Guillén Amador una tarde de diciembre en Santa Clara, cuando intentaba recopilar información para hacer un libro testimonial sobre el tema 'Bandidismo en el Escambray'.

Acto seguido se sentó y pasó tranquilamente a conversar sobre hechos tan importantes de la historia de Cuba que han sido mal tratados o tergiversados en los medios de información estatales pero que permanecen en la memoria de muchos a pesar de los silencios encadenados que el totalitarismo ha impuesto sobre las realidades vividas desde 1959 hasta la fecha actual.

"Yo soy el hermano menor de Porfirio Guillén Amador uno de los llamados Jefes de Bandas en el Escambray, éramos de un lugar cercano a Fomento llamado Potrero de Güinía, mi hermano Porfirio no fue de los rebeldes, él nunca estuvo de acuerdo con los rebeldes ni nada de eso, simpatizaba con lo que había en el poder, no trabajó ni colaboró para nadie de los del Ejército Rebelde. Cuando triunfó la revolución y Fidel Castro tomó el poder, no estuvimos de acuerdo conque el rumbo fuera el comunismo y mi hermano decidió alzarse. Yo era el más chiquito y a mí no se me permitió irme con él, Porfirio me dijo que mi tarea era ayudarlo pues él estaba consciente que yo nunca lo iba a traicionar y además me conocía la zona como la palma de mi mano.

"Mi casa, mis padres y hermanos estábamos vigilados hasta lo último pues sabían los del G-2 que nosotros le colaborábamos a Porfirio y a otros alzados pero no nos lo podían probar y nunca nos pudieron agarrar en un hecho exacto que sirviera de motivo.

"Yo hice muchas para comunicarme con los alzados, veces de pasarme un día entero dando vueltas por el monte y luego regresar a la casa como si nada y sabiendo que andaban cazándome para cogerme en el paso. Nunca les di una pista y nunca dejé de ayudar a mi hermano en todo, así que puedes imaginarte cómo me las tenía que arreglar.

"Porfirio se conocía hasta el detalle la zona donde él operaba y no había quien lo pudiera coger. En los encuentros que tuvimos yo le contaba cómo me vigilaban constantemente y él me decía -'a ti no te meten preso porque eres el guía que los va a traer a mí, si no fuera por eso, ya tú estuvieras preso en Condado'.

"Él tenía la razón, yo era la vía más directa para apresar a mi hermano y sus hombres, pero fui astuto hasta el detalle, cuando me vigilaban los engañaba y cuando ellos creían que les iba a dar vueltas para engañarlos me les iba de verdad. Yo estaba consciente de que el día que me pescaran en la vuelta para mí no habría la más mínima consideración, por lo menos fusilarme o de 25 a 30 años de cárcel no me iba a quitar de arriba. No sé si fue la suerte o la cautela pero lo cierto es que cada vez que iban los del G-2 a la casa me halaban para un lado y ahí empezaban a amenazarme y ofenderme con todo lo que se les ocurría. Ya te podrás imaginar que hubo proposiciones de que delatara a Porfirio, el ejemplo más directo fue el de Félix Torres que me lo propuso, de que lo entregara, de que les indicara el camino y ya lo otro lo harían ellos, en fin, de todo lo que les pareció. Yo me mantenía callado, nada más le decía que me lo probaran y ellos me decían: —*'nosotros sabemos que tú los ayudas y te vamos a coger, tarde o temprano, te vamos a coger'.*

"Mi hermano se sabía aquella zona mucho mejor que yo por eso él se les iba de todos los cercos y redadas que le tiraron, si no llega a salir de allí hubiera sido muy difícil cogerlo, eso te lo puedo garantizar.

"Yo conocí personalmente a Osvaldo Ramírez, le colaboré mucho tiempo porque Osvaldo me tenía confianza absoluta, sabía que nunca yo lo traicionaría, colaboré con Osvaldo hasta que cayó. En algunos libros decían que los alzados eran muy desconfiados y que asesinaron a mucha gente inocente en las lomas, yo te puedo decir que eso de asesinatos era mentira y la desconfianza de ellos era lógica pues varios campesinos se prestaron para denunciarlos y entregarlos al G-2 y a las milicias, llegó un momento que ellos se tenían que cuidar hasta de su sombra.

"En esas montañas los colaboradores pasaron muchos sinsabores porque a veces el G-2 inteligentemente mandaba a sembrar la discordia y la desconfianza entre todos y como puedes imaginar ya los alzados no estaban para creer en nada. En el caso de mi hermano no se llegó hasta ese punto porque yo era el que se encargaba de llevarles armas, comidas, medicinas y conmigo no había desconfianza. Si yo me pasaba tiempo sin ir, Porfirio sabía que era porque no había chance, por eso cuando llegaba me decía —parece que la cosa está muy mala por allá. Ahí le contaba todo y él me daba orientaciones. Ya después cuando él se fue para la zona de Sabanas del Moro yo no le podía colaborar porque era muy lejos de donde yo vivía.

"Mi hermano salió con su guerrilla para una reunión que tuvieron todos los alzados en el Escambray y esa zona no era la de él operar, luego se trasladó para la parte de Sabanas del Moro, muy cerca de Manicaragua y fue allí donde lo 'cazaron' los hombres de la tropa del Caballo de Mayaguara. Era el día 4 de enero de 1963. El cumplía años el 18 de enero. Cayó como lo que fue siempre, un hombre digno, ejemplar, que actuó como pensó y que nunca se dejó convencer con habladurías ni discursitos engañosos.

"Hay un libro donde el famoso 'Caballo de Mayaguara' narra cómo fue el combate. Ellos eran 11 hombres y para capturarlos hubo miles de milicianos que los estaban esperando. No soy yo quien lo dice, el propio Caballo cuenta en ese libro lo valiente que se comportaron, entre ellos mi hermano.

*Pues bien, veo a Porfirio Guillén que estaba allí disparando, le apunté y le tiré como de costumbre, parado en firme, y le di como tres tiros. El tipo se caía y se paraba, se caía y se paraba otra vez. Botó el M-3 y se repuso. Dígole a Luis Barrizonte ¿Qué tiene ese hombre que no se cae? Y fue dando tumbos hasta la punta de caña donde Evaristo Cabrera lo remató.*

"Luego cuando ya habían pasado los años a todos nosotros nos llevaron a vivir a Pinar del Río, estuve allá mucho tiempo, pero en cuanto hubo oportunidad viré, claro, no para la finca y la casa que teníamos en el Escambray, esa nos la quitaron cuando el Plan Escambray pues Castro emitió una ley en la que le confiscaban las pertenencias a todos los que hicieran acciones 'contrarrevolucionarias'. Estoy viviendo aquí en Santa Clara. Uno de mis hermanos se fue para Estados Unidos y mi hermana Felicita vive en Fomento. Ella también te puede contar de esa historia dura que vivimos muchos en el Escambray.

—Pedro aunque usted ha hablado ya de algunos guerrilleros, de por qué se volvieron tan desconfiados yo quisiera oír su opinión general de los siguientes asuntos: ¿Eran bandidos?

"Eran hombres que fueron a pelear a las montañas porque no querían que en Cuba hubiera comunismo, incluso algunos de ellos antes habían estado alzados con la gente del Ejército Rebelde en ese tiempo nadie los llamó bandidos, el 'apodito' se lo pusieron cuando dejaron de ser fieles a esa tropa".

—¿Conoció personalmente a muchos de ellos?

"A varios, y les colaboré sin condiciones, fui fiel hasta el último momento, tuve la suerte de que no me juzgaron y fusilaron".

—¿La niña de Placetas?

"Era una mujer admirable, la conocí, de ella ha hablado y publicado el gobierno mil barbaridades, sin embargo yo te puedo decir que era valiente, peleaba duro y la respetaban, ella tenía su relación de lucha y de ideas con Carretero pero eso de que andaba con cuanto macho se apareciera era falso. La emprendieron contra ella porque era una mujer que andaba en el bando de los 'alzados" porque a las mujeres que subieron a las montañas con el otro bando nadie las trató así, incluso a esas sí le han hecho historias maravillosas".

—¿Tomás San Gil?

"Amigo nuestro, un muchacho serio, respetuoso, hombre valiente, nunca estuvo en el Ejército Rebelde Mi hermano Porfirio y él no estuvieron en contra del Ejército de Batista ni nada de eso y cuando se habló de comunismo y esas cosas fue que decidieron alzarse. No fueron engañados ni embaucados como dicen los libros, ellos no eran analfabetos, conocían muy bien lo que vendría para Cuba, nadie los confundió ni se alzaron por embullo o malos entendidos".

—De aquella etapa ¿conoce personas que aún viven y que prestaron servicios y por suerte no fueron detectadas ni apresadas?

"Sí, pero tal vez mueran y nadie lo sepa nunca, yo jamás lo diré porque aquí en Cuba eso le puede traer problemas. Hubo mucha gente que colaboró pero el secreto lo mantendré hasta el final. Algunos ya están muy viejos".

—Usted me dijo que ha leído todos los libros que se han publicado en Cuba sobre los 'bandidos', incluso tiene algunos. ¿Qué opinión merecen?

"En algunas partes se dicen verdades y en otras mentiras, pero te puedo asegurar que son más las mentiras y las exageraciones que las verdades, además tienes que ver los que se prestaron para dar declaraciones, casi todos son fieles al régimen de Castro. Todo depende del cristal con que se mire".

—Para usted ¿quiénes fueron los que más perdieron en la lucha en el Escambray?

"Siempre los campesinos. Perdimos familias, perdimos las pertenencias y para colmo perdimos el honor pues desde el poder arremetieron contra los campesinos del Escambray y te digo más, hubo campesinos que por miedo al mismo gobierno se prestaron para servir de guías, de agentes y de chivatos. Algunos han vivido con ese remordimiento, a otros le parece una gran proeza. Fue una etapa dura que no olvidaremos nunca los que nos vimos envueltos en ella".

**Felicita Guillén Amador:** Hermana menor de Porfirio Guillén.

Colaboró con la guerrilla de Tomás San Gil en la zona cercana a Fomento. Era 'maestra emergente' y la enviaron a dar clases en las lomas donde se habían creado escuelitas campesinas. Por sugerencia de su hermano Porfirio y después de Tomás San Gil se mantuvo trabajando tranquilamente como maestra, todos los días iba para esa zona a dar clases, sin embargo en muchas ocasiones con esa fachada llevaba informaciones y colaboraciones a su hermano y después que su hermano se trasladó para la zona de Sabanas del Moro, a Tomasito como le llamaban por ser tan joven, querido y aceptado. Nunca se mudó de Fomento. Actualmente vive allí con la familia que creó después de todos esos acontecimientos y mantiene vínculos con las actividades de la oposición interna pues tiene en su casa una Biblioteca Independiente.

La conocí precisamente en Santa Clara en enero del 2002 cuando se realizó una reunión de opositores para conmemorar un aniversario de la caída en combate de Porfirio Guillén. En las conclusiones de aquella reunión ella precisó que '...la tristeza por la muerte de su hermano era inevitable pero que sólo sentía la paz interna porque él murió como siempre quiso: de pie, firme en lo que creyó y sin una concesión a sus principios e ideas'.

La familia Guillén Amador gozó en Potrero de Güinía, donde vivían antes del holocausto castrista, de la estimación y confianza de todos, eran campesinos que tenían sus propiedades y de una manera educada, decente y respetable se ganaban la vida con su trabajo.

En Santa Clara, funciona una ilegal Biblioteca Independiente nombrada Porfirio Guillén y todos los años en homenaje al patriota se hacen actividades de recordación en la fecha en que cayó en combate en Sabanas del Moro, Manicaragua. Allí tienen su foto y siempre los hermanos participan para mantener viva la memoria de uno de los Valientes Hombres del Escambray.

**Zona del Escambray situada entre Manicagarua y Guinía de Miranda**

# ~8~

**Juanita Reyes.**
**Hay mucho dolor en el Escambray y no es tan fácil olvidar.**

Actualmente reside en el caserío de La Moza, municipio Manicaragua, enclavado en la zona montañosa del Escambray y muy cercano a La Lima (región donde operaron varios grupos de alzados contra el régimen de Fidel Castro y por donde subió Plinio Prieto a alzarse).

Vive sola en una casita que fabricó en La Moza luego de haber vivido muchos años en los pueblos cautivos de Pinar del Río, donde fue enviada por orden suprema del gobernante cubano cuando decidió sacar del territorio montañoso a todos los campesinos que ayudaron a los alzados que enfrentaron la tiranía.

En el año 1957-1958 vivía en la Finca San Pedro, El Jobo, exactamente al lado del camino que iba de La Moza al entonces pequeño caserío de La Lima. Ese lugar por su condición montañosa resultaba muy propicio para las operaciones de la guerrilla antes del 59 y para los llamados 'alzados' o 'bandidos' después de esa fecha.

Tanto Juanita Reyes como su esposo fueron colaboradores de todos los insurgentes que en esa zona operaron antes de 1959 y después del triunfo de la revolución. Fueron simpatizantes de los que querían la libertad para Cuba, por eso, ayudaron a los rebeldes cuando creyeron que la causa que defendían era justa. Luego cuando se sintieron traicionados por los que dijeron ser comunistas, asistieron a aquellos jóvenes que valientemente decidieron tomar de nuevo las armas para combatir el régimen castro- comunista.

Conocieron a Plinio Prieto, y le colaboraron para que se

alzara junto a otros hombres. La casa de Juanita y su esposo Reinaldo Pérez Fuentes sería el punto para que Plinio y sus acompañantes descansaran, comieran y después subieran a la zona donde operarían. De esa etapa recuerda...

"Mi esposo Reinaldo fue a recoger junto a otras personas a un hombre que se iba a alzar, yo esperaba al grupo en la casa con la comida preparada, medicinas y dinero. Era de noche, tarde... se acercaron, entre ellos, Plinio Prieto, el capitán Diosdado Mesa, el médico y otros que prefiero no nombrar para no cometer errores ni indiscreciones. Ellos descansarían, comerían y luego seguirían en su misión de alzarse, pero enseguida supieron que los venían siguiendo, al parecer ya los habían detectado, entonces tuvieron que seguir camino, se fueron. Acto seguido llegaron los que venían tras ellos pero no se metieron ni registraron mi casa, fueron directo a la casa de tabaco porque pensaban que estaban allí, no encontraron nada. Por suerte, no entraron a la casa porque en la casa teníamos escondidas en el techo dinero y las medicinas.

"Supuse que el camino les iba a ser difícil porque el grupo de Plinio traía una planta de radio para comunicarse desde las lomas, dicen que ese equipo nunca fue encontrado por el ejército ni la milicia, nadie sabe qué camino tomó, ni donde la pudieron esconder pues después ellos cayeron presos y por mucho que ese equipo se buscó yo nunca oí decir que lo hallaron.

"Al que sí agarraron preso de inmediato fue a mi cuñado que también le colaboró a Plinio para llegar hasta las lomas, mi esposo bajó al día siguiente y se tuvo que esconder, yo le llevaba al escondite agua y comida pero tenía que ingeniármelas de una manera increíble pues sabía que me vigilaban para dar con él. Yo me preparaba como si fuera a recoger leña en el monte y empezaba a reunir una ramita aquí y otro por allá, luego me sentaba un rato encima de una piedra como si descansara, así poco a poco en el área dejaba caer comida en una bolsita de nylon por una parte un pomito con agua por otra, luego me iba a otra parte a recoger leña y él esperaba y ya seguro de que no estaban recogía la comida, pero no adelantó nada porque en definitiva lo agarraron y también fue preso. Le echaron muchos años pero no le hicieron juicio.

**Juanita Reyes**

"En aquellos tiempos no todo el mundo tuvo juicios, ellos lo metían preso porque 'colaboró con bandidos' y después le daban la libertad cuando les parecía y punto, lo que sí le dejaron claro era que por lo menos tendría 20 años de cárcel. Cuando salió de la prisión le dieron una carta de libertad. Él volvió a la casa donde estábamos mi hija y yo, ya la niña era grandecita, creció lejos de su padre y yo pasé miles de trabajos cuando mi esposo estuvo preso, nunca recibí ayuda, ni dinero, ni nada, siempre estuve firme atendiendo a mi hija y asistiendo a las prisiones donde estuvo mi esposo. Fue una etapa muy dura.

"Sentí mucho la muerte de Plinio Prieto, a él lo fusilaron junto con otros alzados aquí cerca de donde vivo actualmente, en un lugar que se llama La Campana. Cuando los llevaban a fusilar el carro pasó por esta carretera y ellos decían a la gente que vieron en la calle: —¡Nos llevan a fusilar, nos llevan a fusilar! Qué tristeza me da recordar eso, muchas personas de La Moza y Manicaragua recuerdan ese tiempo y se escalofrían haciendo el cuento. Yo te lo cuento ahora pero siento un dolor tan grande, ellos eran tan buenos, tan correctos. Esa etapa aquí fue muy dura, muy dura.

"Despedí en secreto a Diosdado Mesa que fue alzado contra Castro y que no cayó preso, él está actualmente en Estados Unidos, salió clandestino de Cuba. De Plinio sé que lo detuvieron en el Café 98 de Cumanayagua, estaba tratando de salir del país pero él era muy perseguido y lo fusilaron por alzarse nada más pues él no tenía ningún hecho de sangre en su contra, no hay una persona que pueda decir algo debido a lo limpio y decente que fue siempre. Estoy segura que su único delito fue que tenía ideas políticas diferentes a Castro. Era un hombre muy querido por todos al que seguramente se le iban a unir muchos más. Yo fui colaboradora de ellos y los conocí bien, los ayudé porque eran correctos, decentes, no como dicen ahora los del gobierno y los libros de dar clases - 'que eran unos asesinos y bandidos'.

"Hay algo real, cuando la milicia los buscaba por el monte y se formaba un tiroteo no se tenía en cuenta que los guajiros estábamos en el medio, así que no siempre los que acabaron en las lomas fueron los bandidos como le decían a los alzados, allí arriba pasó de todo y hubo gente buena y decente en los dos bandos, pero también hubo gente terrible. Si quieres, pregunta en La Moza cómo fue la muerte del "Niño Dévora", que el Caballo de Mayaguara lo mató así con ensañamiento y con rabia. El Niño Dévorah no era un asesino, si no un hombre de buena familia sólo que no estuvo de acuerdo con el camino que cogió el país y se alzó. Ese incidente donde él murió fue aquí cerquitica de La Moza en Sabanas del Moro donde hubo un combate de miles de milicianos contra 11 o 12 hombres de la tropa de Porfirio Guillén, alzados. Nadie quiere recordar lo que se oía aquel día.

Por el tiroteo parecía una batalla tremenda. Después los tiraron muertos como si fuera una exposición, sólo uno se salvó de aquello porque escapó. Algunos de los que mataron ese día eran de la zona esta, todavía por aquí viven sus familiares. Yo recuerdo los nombres de Juan Dévorah Rodríguez (el Niño Dévorah), a Sotero, René Marcelino Sánchez, Idalberto Fuertes Pérez, José Ramón Crespo Díaz y Bernabé Pérez Pérez. Algunos de los familiares de ellos viven en La Moza, Barajagua, La Cucaracha y La Carranchola, pero no quieren hablar del asunto y es muy difícil que accedan a entrevistas o algo más, es tanto el miedo, figúrate, algunos hermanos de los alzados fueron condenados, vigilados e incluso llevados a los pueblos cautivos en Pinar del Río sólo porque se sospechó que ayudaron a los alzados que eran sus familiares o porque realmente los ayudaron. Del miedo que se sembró en esa etapa hoy sólo se recogen cosechas de silencio, mucho silencio. Yo tengo tanta amargura adentro recordando esas historias.

"A mí también me llevaron a los pueblos cautivos, no les bastó con los años que tuvieron a mi esposo preso y cuando vino para la casa a rehacer nuestras vidas lo citaron para Manicaragua y de ahí a Santa Clara donde los esperaba el maldito tren que los llevó al último lugar donde hubiera querido ir un hombre de estas tierras y al que me fui yo para estar junto a él como era mi deber de esposa. Allá los llevaron lejos de los familiares, de los amigos. Fue como 'mal nacer' de nuevo.

"A veces me pongo a pensar en las cosas que yo hice en esa etapa con mi niña de meses, bajo las balas y exponiéndola a que esas balas nos cogieran a mí y a ella cuando se armaban los tiroteos en el Escambray. Me parece que viví una pesadilla. No me arrepiento de nada, ni de la ayuda que di a los necesitados. Nunca he pedido nada a cambio, sigo siendo la misma de aquellos tiempos, quisiera tener ahora 20 o 30 años para que vieras cuánto iba a hacer por la libertad. Mucha gente todavía tiene miedo y no quieren hablar porque si dicen algo los pueden condenar o apresar, te va a ser muy difícil recoger testimonios de las familias que lloraron a sus muertos a veces sin saber en qué tumba los tenían.

"No importa si no te dan testimonios, perdónalos porque el miedo vence a mucha gente.

"En mi poder tengo el estuche de los espejuelos que usaba Plinio, también una pata de los espejuelos, la conservo dentro de ese estuche. Te lo puedo mostrar, han sido muchos años guardando estos recuerdos, también sé de un lugar exacto donde él tuvo un combate con la milicia que lo perseguía y de donde se salvó milagrosamente, pero ya estoy vieja para caminar por esos montes donde sé de lugares exactos en que se escondieron otros alzados. Ojalá las fuerzas me acompañaran para llevarte allí y que tomaras fotos.

**Pertenencias de Plinio Prieto**

"Ahora en los últimos meses he visto como se cometen otras barbaridades, parece como si la historia se repitiera. En tres días 75 hombres presos en el país por pensar diferente. Mi sobrino Blas Giraldo Reyes Rodríguez está entre ellos, le decretaron 25 años, ese muchacho es mi orgullo y para mí es algo muy especial, yo lo apoyo y lo apoyaré en lo que sea.

"Comprendo que hay que pedir cambios para Cuba de una manera pacífica. Para los más viejos que tenemos tanto dolor por dentro no es fácil comprender eso. No puede haber más sangre en este país, ya ha corrido mucho la de los inocentes".

# ~9~

## José de Asís Reyes Zayas.
### 'Yo no le firmo papeles al comunismo'.

Vivía en el momento de la entrevista en Triana caserío muy cercano a la carretera que une a Manicaragua con Cumanayagua pero que pertenece propiamente al actual municipio de Manicaragua. Uno de sus hijos lo acogió en su casa en el año 2001 y lo cuida y atiende. Cuando conversé con él, me explicó que estaba prácticamente ciego y no podía divisar mi rostro pues todo lo que tenía delante era una neblina profunda que le impedía precisar detalles. Tenía 84 años pero se conservaba fuerte y lúcido.

"Antes de 1959 vivía en una finca de mi propiedad en el macizo montañoso del Escambray, en Mayaguara, un lugar situado entre Meyer y Condado. Pertenecí a la Reserva Militar que tenía el ejército del país en aquel momento aunque nunca se me llamó a filas. No tuve simpatías ni vínculos con los que se alzaron contra Batista antes de 1959. Fui contrario en ideas a aquellos alzados contra Batista.

"Después cuando triunfó la revolución y se alzaron contra Castro tampoco me uní a ningún grupo, realmente no quería saber nada de aquello ni para bien ni para mal, sólo me interesaba trabajar y echar para adelante lo mío y mire usted lo que me pasó.

"En 1961 fui apresado y llevado a un calabozo en Condado, Trinidad, acusado de colaborar con los alzados. Estuve allí 14 días en una celda y las condiciones eran torturantes, era muy bajita, no me podía parar pero cuando intentaba acostarme tampoco me podía estirar lo suficiente porque el espacio era reducido y para colmo la luz encendida todo el tiempo, la puerta tapiada. Me decían que ellos me iban a demostrar que yo era colaborador y traían personas para que me identificaran y acusaran pero ninguna me identificó como tal, no hubo un testigo que dijera algo que me comprometiera, por eso al final tuvieron que soltarme pero los muy descarados y criminales esperaron a que fuera de noche y me bajaron de un carro en un lugar del que yo no tenía idea ni me pude orientar en medio de la oscuridad. Esperé el amanecer y empecé a caminar por un camino pero no sabía hacia qué lugar de la zona me dirigía, luego de un rato encontré personas que me pudieron dar una idea y entonces me dirigí hasta mi casa que por cierto quedaba muy lejos.

**José de Asís**

"Luego sí colaboré con los alzados. Yo conocía a Leonel Martínez que era un hombre excelente y le ayudé todo lo que me fue posible y no me agarraron, ni sospecharon de mí. Ese alzado fue de los últimos que mataron.

"Conocí a Osvaldo Ramírez pero no tuve una gran amistad con él ni colaboré con él.

"Muchos alzados fueron hombres excelentes pero otros de muy mala fama. Pata de Plancha (que yo no recuerdo su nombre verdadero) acabó en esas lomas, hizo de todo. Sin embargo Tomás San Gil era muy buena persona, respetable, decente, valiente de buena estima por todos y de una familia íntegra. A él le decíamos Tomasito y sé que se metió en la lucha por convicción pues tenía muy buena posición económica y no les iba mal ni a él ni a su familia así que pienso que luchó porque en Cuba no hubiera comunismo.

"Yo conocí de vista a Cheíto León pero no tuve amistad ni relación, no tengo criterios de él ni a favor ni en contra. Lo que sí oía de él en toda la zona de Trinidad es que era muy valiente y peleaba duro".

José de Asís considera que esa fue una etapa muy difícil y muy confusa donde no se sabía quién era quien. Lo mismo caías en manos de alzados que de la milicia pues si ayudabas a los alzados la milicia te apresaba pero si ayudabas a la milicia los alzados se celaban de ti, te creían chivato, informante y la situación se complicaba. También algunos campesinos se hacían pasar por colaboradores y si tú te unías a ellos para colaborar te delataban con la milicia y el G-2 como le llamaban cuando aquello a la Seguridad del Estado.

Me dijo con estas palabras textuales:

"En aquellos montes no se llegaba nunca a saber qué camino era más confiable y seguro".

En 1971 fue citado junto con otros campesinos de la zona de Trinidad, los rodearon muchos hombres armados con carabinas y luego los empujaron ordenándoles que se subieran en unos camiones. Sin decirles nada más los carros arrancaron y salieron con ellos a un lugar desconocido. Ninguno tenía noción de qué estaba pasando ni porqué aquellas medidas de seguridad extrema. Todo el tiempo les apuntaban con las carabinas. Al cabo de muchos kilómetros recorridos pudieron percatarse que los llevaban hacia Santa Clara. Por último los bajaron de los camiones y todavía bajo fuertes medidas de seguridad los reunieron con un grupo mayor que sumó miles de personas.

Luego de ofensas y humillaciones los hicieron subir a un tren y sin decirle a dónde iban emprendieron un viaje por horas y horas hacia lo desconocido.

Continúa su relato: "eran muchos guardias y milicianos custodiándonos con las famosas armas, yo ni conocía la marca ni el nombre de ellas, incluso nunca las había visto, nos ponían en fila, a ambos lados estaban los combatientes armados y así sin poder mirar ni a los lados nos hacían subir al tren, dentro del tren fue lo mismo, custodia y armas de fuego listas por si intentábamos algo. No te podías ni mover dos veces pues levantabas sospechas. A mí me dejaron en un lugar de Pinar del Río cercano a San Cristóbal el nombre exacto de la cárcel donde me bajaron era Piti Fajardo.

"Aquello era una prisión cercada, como un campo de concentración, no se podía salir si no era con pase y lo más gracioso tampoco podías decir que estabas preso. Yo un día dije que preso no trabajaba y un teniente me dijo que yo no era preso, entonces le dije: —pues me voy pa' Trinidad y me dijo que ni se me ocurriera porque de allí no podía salir.

"Fuimos todos muy rebeldes, yo tuve discusiones con los guardias. Una vez recogieron a 25 de nosotros y nos sacaron del lugar para llevarnos a Camagüey como castigo. Primero nos tuvieron en Miraflores que queda entre Morón y unos cayos que hay por ahí. Solo había mucho jején y mosquito, ahí construimos casas. No tenía rejas ni alambradas pero el mismo sistema de prisión se mantenía, unos que se fugaron de allí fueron metidos en celdas de castigo varios días y cuando los trajeron de regreso parecían otras personas, muy delgadas y con muestras de haber pasado algo muy terrible. Hasta febrero del 2001 estuve allí, luego vine a vivir a Manicaragua. En Trinidad no me quedó nada, la finca me la quitó el Gobierno Revolucionario, la casa no existía, cuando me llevaron a Pinar del Río y luego mi familia se fue conmigo a Miraflores todo se quedó 'en manos de la revolución'.

"Mis padres y hermanos que vivían por allá murieron. Sólo te cuento que yo no vi más a mi madre desde el 1971 en que me sacaron del Escambray hasta el día que ella murió, porque vivir en un lugar tan intrincado como Miraflores con todos los problemas de transporte que hay en Cuba… No tenía sentido ir cuando daban el famoso pase, te demorabas tanto en llegar que ya era la fecha del regreso y entonces caías como ausente y te sancionaban. Me avisaron de su gravedad y cuando llegué ya estaba muerta. A ese lugar de la costa hasta la correspondencia se demoraba en llegar.

"Esa etapa de inicios de la famosa Revolución fue espantosa. Yo le cogí todo el odio del mundo al sistema comunista desde los primeros años cuando fusilaron al esposo de mi hermana que se llamaba José R. Tápanes. Lo que hicieron con mi cuñado fue un crimen, yo diría que renombrado. Lo acusaron de algo que él no hizo, mi cuñado lo negaba e insistía en que era inocente, pedía que buscaran pruebas que lo inculparan y no aparecían las pruebas, sin embargo un oficial al que le decían 'El Magnífico' y que recuerdo que el apellido era Milanés, lo mandó a fusilar. Un mes después se cogió preso al hombre que había cometido el delito del cual acusaban a Tápanes y lo confesó todo, entonces en el juicio dijeron: —Pues liberen a José Tápanes que es inocente. Alguien dijo: —No, a él lo fusilaron hace un mes.

"Después supe que la sanción o castigo que aplicaron al

'Magnífico' fue un ascenso.

"Hace unos meses fusilaron en La Habana a tres jóvenes porque se llevaban una lancha y querían irse para Estados Unidos, eso fue por gusto. Cuando aquello también fusilaban por gusto. Hay mucha sangre en el ambiente. Cuba es un charco de sangre inocente. A mí a veces me dicen que no hable, que me mantenga en apariencia tranquilo, yo no puedo, no admito que me manden a callar. Aquí el año pasado cuando la firma esa que inventaron para contrarrestar el Proyecto Varela me hervía la sangre en el cuerpo viendo a esa gente bajo agua ir a firmar y a desfilar. Una mujer vino aquí a preguntar porqué yo no iba a firmar ese papel y mi hijo le contestó: Mi padre esta lúcido y tiene razones para decir y hacer, ve y pregúntale, habla con él. Cuando la muchacha vino no hablé tanto pero lo que sí le dejé bien claro es que 'Yo no le firmo papeles al comunismo'.

"Mis hijos han sufrido toda mi historia, este con quien vivo en el año 1971 tenía trabajo en Planificación Física en Manicaragua y lo sacaron porque era hijo de un contrarre-volucionario. Mi otro hijo sufrió un trauma muy grande cuando vio que a mí me llevaban preso para Pinar del Río y nunca se repuso de aquello, lo atormentó siempre la visión que tuvo de aquellos carabineros apuntando y amenazando y se volvió obsesivo con aquella idea, yo sé que su razón se afectó mucho hasta que un día se suicidó. Mi esposa ya murió, en parte la mató la tristeza y el dolor.

"Estoy viejo pero todo lo recuerdo porque la memoria no me ha fallado nunca. Sigo pensando como antes, sigo estando en contra del comunismo y no le admito a nadie que me trate de convencer de lo contrario. Pienso que mucha gente tiene que despertar y quitarse ese miedo, si no, en Cuba nada va a cambiar. Este país está destruido, lo han destruido y costará mucho levantarlo".

# ~10~

**Blanco Pérez Fuentes.**
(su verdadero nombre es **Carlos Pérez Fuentes**) pero sus amigos más allegados siempre lo reconocen por Blanco.

En el momento que conversó conmigo vivía en una improvisada casita al lado de la carretera muy cerca del poblado de Barajagua que pertenece al municipio de Cumanayagua provincia Cienfuegos. Cuando ofreció sus testimonios ya había asistido a la Sección de Refugiados que tiene en Cuba el gobierno de Estados Unidos para perseguidos y presos políticos y había sido aprobado para viajar. Era el año 2003.

En el año 1960 vivía cerca de La Moza barrio perteneciente a Manicaragua. Fue hecho prisionero en octubre de ese mismo año por colaborar con Plinio Prieto quien se alzó en contra del gobierno castrista en esa fecha.

"Yo conocía a Plinio desde antes de alzarse contra el comunismo pues él fue Comandante del Segundo Frente, en esa etapa yo colaboré con él y como me conocía y sabía de mis ideas y fidelidad hacia él contó conmigo a la hora de alzarse".

Carlos Pérez Fuentes, colaboró con la gente del II Frente y del 26 de Julio que operaban en la zona del Escambray, cercana al poblado de La Moza. Conoció a William Morgan, a Jesús Carreras y a Plinio Prieto y de esa época cuenta:

"De Carreras guardo muy malos recuerdos. Antes del triunfo de la Revolución yo bajé al pueblo a hacer gestiones propias del momento. Perseguido por los casquitos subí a las lomas, en Guanayara me encontré con un hombre llamado Pepe Casadilla y me dijo que más arriba en un lugar que le decían Nuevo Mundo la cosa estaba que ardía. Yo no sabía qué problemas había entre la gente del II Frente y del 26 de julio y

seguí para allá donde estaba el americano William Morgan y
Carreras. Al llegar un enfermero llamado Quesada que era de
Cabaiguán me encañonó con un arma a mí y al otro que iba
conmigo y me dijo que estábamos detenidos y que debíamos
quedarnos en una casa como prisioneros. Nadie nos explicó
nada y cuando llegó Carreras y entró al bohío yo le pregunté
que porqué me habían detenido y metido allí, y él me apuntó
con el arma y me dijo: —Te la arranco ahora mismo.

"La suerte fue que Morgan, el americano, se metió y le dijo:
—Este hombre es bueno, no lo dañes. Así quedó el incidente y
nunca supe qué los puso tan desconfiados pero de todas formas
Morgan me amparó porque confiaba en mí.

"En esos tiempos todo se tornaba confuso, yo trabajaba con
Víctor Paneque y servía de guía lo mismo a la gente del 26 de
julio que a las del II Frente.

"También te puedo decir otra cosa, allí hubo gente de
entereza, honestas, buenas y queridas por todos. Esos fueron
más que los otros. Conocí a Plinio Prieto y era una buena
persona, jamás hizo daño a nadie, no hay quien pueda decir que
violó la hija de ningún campesino, ni abusó de los indefensos.
Tampoco puedo desmeritar al americano Morgan, era valiente y
muy estimado por los campesinos.

"Lo que pasó después del triunfo de la revolución fue que
muchos de los que estaban alzados contra Batista se sintieron
traicionados por Fidel Castro y por el Che Guevara y decidieron
alzarse de nuevo pero en contra de lo que estaba haciendo
Castro. Se decía que esto iba a ser comunismo y mil cosas más
que por lo que yo sabía nada bueno traerían para uno.

"Ya en el 1960 había gente planeando la contra a Castro y
yo recibí un recado de que sirviera de práctico pues Plinio
Prieto iba a alzarse y como yo tenía plena confianza en él como
él en mí, le colaboré.

"El día indicado lo fui a buscar al lugar donde me dijeron y
de ahí varias personas teníamos la encomienda de llevarlo a un

lugar exacto donde ya había grupos de alzados. Cumplí con eso y todo se realizó como estaba previsto pero alguien nos delató y enseguida yo caí en prisión, Plinio y los otros que venían con él contaron con un poquito más de suerte en aquel momento pues pudieron subir para las lomas esa misma noche, a pesar de que iban pisándole los talones todo el tiempo, pero ya de esa parte quien mejor podía hablar es mi hermano pues en aquel entonces vivía por El Jobo que queda por las lomas y se encargó de ir con ellos.

"No puedo hablar de cómo fue después de ese día en el Escambray pues me metieron preso y cuando salí de prisión en el 1964, ya en las lomas la famosa 'Limpia del Escambray' estaba terminando.

"Cuando me detuvieron no me dieron muchas explicaciones y me llevaron para Manicaragua esa misma noche, al día siguiente me sacaron de allí y me llevaron a Topes de Collantes donde un teniente se encargó de hacerme los interrogatorios. Cosa curiosa, yo desde el primer momento me negué a haber colaborado con Plinio Prieto para que se alzara y entonces aquel teniente empezó con toda la calma del mundo a decirme cada detalles: —Mira no te niegues, porque sabemos que tú y otros hombres (ahí mencionaba los nombres) fueron tal día por la noche al Hoyo de Manicaragua a buscar a Plinio, recogerlo y llevarlo para casa de tu hermano Reinaldo Pérez, donde otras personas lo llevaron a la zona de La Lima que fue por donde él se alzó. Nosotros conocemos cada detalle pues alguien que estaba entre ustedes nos lo contó. Sabemos con certeza hasta lo que hablaron.

"Todo el tiempo me negué a aceptar aquellas acusaciones aunque ya ni me quedaban dudas de que un traidor estuvo entre nosotros pero ellos lo cuidaban y pretendían que nosotros nos declaráramos culpables. Yo siempre negué y pedí que me presentaran pruebas, incluso les dije que me trajeran ante mí a quien había dicho aquello. Desde luego que nunca lo hicieron.

Figúrate aceptar yo en aquel tiempo que había colaborado con alguien que se iba a alzar era como ponerme la soga al cuello, o lo que es lo mismo, pararme frente a un pelotón de fusilamiento como le pasó a otros, incluso al mismo Plinio Prieto que lo único que hizo fue alzarse, o sea tomar armas e irse a las lomas pero ni mató a nadie ni hizo barbaridades en las lomas como dicen aquí de los alzados. En aquellos tiempos se firmaba una sanción de 20 o 25 años muy fácil. Y el pelotón de fusilamiento nos quedaba allí en La Campana, cerquitica de Manicaragua.

**Finca La Campana**

"Me tuvieron en Topes de Collantes desde el 16 de octubre hasta el 23 de diciembre, sin acceso a nada legal. Fui interrogado constantemente. Incluso ya habían fusilado a Plinio y seguían acusándome de colaborar con él.

"Plinio y yo éramos amigos, nos teníamos mutua confianza desde el Segundo Frente y ninguno de los dos iba a aceptar que el otro lo traicionara. El teniente que me interrogaba fue a decirme que ya lo habían fusilado. Lo sentí tanto, era un hombre intachable, de honor, nunca oí decir algo en su contra. Fue de los primeros en alzarse y de los primeros que fusilaron. Después supe que lo fusilaron en La Campana. Ahora ese lugar donde fusilaban, es zona militar, no se puede entrar, está cercado y vigilado porque en esa zona está la fábrica de balas y tienen muchas naves bajo tierra, otras no, pero figúrate eso es como un polvorín, fabrican granadas y qué sé yo cuantas cosas más. Debe ser muy triste ir ahí donde le arrancaron la vida a tantos hombres inocentes, buenos.

"Allá en Topes de Collantes éramos varios campesinos, todos estábamos por lo mismo. Cuando se cansaron de interrogarnos nos montaron en un camión rastra cerrado totalmente, desde luego ninguno sabía a dónde, éramos 113, encerrados. Como animales a un matadero. Cuando llevaba un rato andando el oxígeno empezó a faltar, era lógico, tanta gente en un espacio mínimo, al cabo de un rato algunos perdieron el conocimiento. Como todo estaba cerrado era imposible avisar o dar alguna señal para pedir auxilio. Allí adentro había un gancho de colgar carne y con él dos de nosotros empezamos a abrir un hueco en el techo. Así fue que se resolvió un poquito de ventilación.

"El 24 de diciembre amanecimos rumbo a Isla de Pinos. Nos llevaron en un avión de carga. Ni antes ni durante el tiempo que estuvimos presos en Isla de Pinos se nos hizo juicio ni se nos explicó de qué se nos acusaba. Nada. Todos estábamos en las mismas. No nos dijeron cuántos años íbamos a estar allí. Éramos tratados como contrarrevolucionarios y jamás tuvimos la oportunidad de hablar con un abogado para plantearle nuestra situación. En esa etapa se usaba mucho la frase 'Te juzgamos por convicción' y por ese término lo mismo perdías la vida que te echaban 25 años en prisión. De esa etapa supe de tantas historias y vi tantos horrores que le pasaron a otros que estaban conmigo.

"Estuve en la isla hasta abril de 1963 en que me trajeron para una cárcel en Remedios, (actual provincia de Villa Clara) luego me llevaron a otra en Los Arabos (Matanzas) y de ahí salí en noviembre de 1964. Cuando salí me dieron una carta de libertad, pero como todos en esa época yo no aparezco en ningún archivo de algún tribunal como juzgado y condenado, es como si yo nunca hubiera estado preso.

"Fueron muchos en esa época a los que les pasó lo mismo que a mí, nos apresaron, cumplimos prisión y nada queda en los tribunales. Regresé a mi casa, tenía el sello social puesto 'contrarrevolucionario' seguí la vida con mi familia trabajando en lo que pudiera y echando pa' lante, sin embargo siempre vigilado de una manera discreta. Un tiempito después empezó otra etapa dura para mi vida y mi familia. Fue la segunda pesadilla y se llamó Pueblos Cautivos en Pinar del Río. Esa es otra parte de la que unos cuantos te pueden hablar."

"Yo no fui el único de mi familia que estuvo preso. También mis hermanos José Pérez Fuentes y Reinaldo Pérez Fuentes conocieron las cárceles de Cuba, actualmente Reinaldo está muerto. El caso de José fue que estaba alzado con el Niño Dévorah y el día que mataron al Niño mi hermano había venido a la Moza a un encargo de la tropa que dirigía Porfirio Guillén y por eso no lo mataron en el tiroteo pero enseguida cayó preso y le echaron 30 años. Yo de esa etapa no te puedo contar mucho, ya estaba preso y solo me enteraba por los telegramas y cartas que me llegaban a la prisión, incluso muy atrasados. Era muy triste ver cómo los que estaban allí presos recibían las noticias de un hermano muerto cuando habían pasado meses.

"En aquella época los que se alzaron y habían sido oficiales del Ejército Rebelde los fusilaban enseguida que los agarraban y los que habían sido rebeldes y se viraron contra el régimen pero sin cargos de acciones llamativas cargaban con unas condenas horribles, casi todos éramos jóvenes así que perdimos la juventud porque la pasamos tras las rejas primero y en pueblos cautivos después".

# ~11~

**Ramón Prieto. "Y volví".**

Ramón Prieto cumplió 90 años el 12 de mayo de 2002, unos días después de conceder la entrevista. A veces no recuerda fechas exactas de las penurias a la que fueron llevados por ley marcial sus hijos y esposa, pero no es lo más importante, porque lo que sí recuerda bien son los hechos en lo que se vio implicado por ser campesino y vivir en el Escambray.

"Yo siempre viví en Jibacoa, allí tenía una casa y una finca para el cultivo del café y frutos menores, esas lomas eran mi vida, yo me sabía cada rincón, cueva y vuelta del río. Era feliz, pero cuando triunfó la revolución todo para mí cambio.

"En 1961 me llevaron preso, me acusaban de contrarrevolucionario, pero nunca me presentaron una prueba ni un testigo que afirmara tal cosa. Vi como al lado mío fusilaron otros tres hombres que acusaban de alzados y contrarevolucionarios. Nos montaban en un carro y nos llevaban para un lugar cualquiera del campo, nos paraban uno al lado del otro y fusilaban uno a uno para que los demás fueran viendo y hasta que le llegaba el turno al siguiente. A mí una vez me sacaron con tres más y delante de mí los fusilaron, cuando yo supuse que era mi turno me dijeron que lo harían luego, me montaron en el carro y me llevaron de regreso a donde estaba preso. Nunca supe porqué no me fusilaron. Uno de los que fusilaron delante de mí se llamaba Melquíades y otro de ellos Serafín Otero, por lo que supe no tenían delito ni nada, al otro que fusilaron ese día no le sabía ni el nombre, sólo recuerdo que era un muchachón joven, fuerte, buen mozo como de 18 años. Así pasó con muchos en aquella época, no le presentaban ni una prueba de nada pero los acusaban y lo mataban. Nos decían traidores, alzados y pasaban a fusilarlos. Así era en el Escambray.

"Una vez convocaron a una fiesta en un lugar más arriba en las lomas que se llama Yagunal y cuando todos estaban allí para la fiesta, trajeron a 5 hombres y los fusilaron sin más ni más delante de todo el mundo. Una noche hicieron lo mismo en Cuatro Vientos, reunieron al poblado y le pidieron que se quedaran ahí para que vieran un fusilamiento. Simplemente decían que eran alzados y que por eso se hacía la 'justicia revolucionaria'. Era para amedrentar a los demás y que sirviera de escarmiento a los que se rebelaron. El miedo cundió las montañas.

"En 1962 me hicieron un juicio en la Audiencia de Santa Clara, mi causa era la 50 y mi sentencia 10 años. ¿Por qué? —Por contrarrevolucionario. ¿Quién me acusó? —Nadie. ¿Qué pruebas presentó el abogado? —Ninguna. La frase que dijo un negro que estaba en el juicio yo no la olvido —Se condena por convicción.

"Terminó el juicio y se me dictó sentencia.

"No llegué a estar preso los 10 años, a los 8 años y unos meses me dejaron salir. Estuve en varias prisiones: Santa Clara, Sagua, Remedios y los Arabos y pasé mucho tiempo sin ver a mi esposa y mis hijos porque cuando ella iba a visitarme a una prisión ya me habían cambiado para otra sin avisarle a ella y la pobre perdía el viaje.

"Regresé a mi casa a recomponer mi vida con mi mujer e hijos en la montaña que era el lugar que tanto amaba, sin embargo en 1971 nos recogieron a todos los hombres y, obligados, nos llevaron en unos camiones desde Manicaragua hasta Santa Clara, ahí nos reunieron y verificaron nuestros nombres en una lista, nos montaron en un tren que nos llevó para Pinar del Río. Como animales peligrosos nos tenían y bajo régimen de vigilancia absoluta fuimos conducidos. Éramos más de mil en la lista aquella que tenían.

"Nosotros no sabíamos a donde nos llevaban y las familias que dejamos en las casas no nos vieron regresar aquel día y tampoco tenían noticias de donde estábamos. A dos de mis hijos Gilberto y Rafael Prieto Rodríguez, que eran muy jóvenes por no decir niños, les tocó correr la misma suerte que yo y también fueron conducidos a Pinar del Río.

**Ramón Prieto y su esposa**

"En mi caso como en el de todos no nos acusaron, ni juzgaron, ni nada, cuando llegamos a los barracones donde nos dejaban en distintos lugares de Pinar nos decían que no éramos presos pero a la vez no nos dejaban salir de allí excepto si nos daban permiso o pase. Trabajamos en lo que se dispusiera por los jefes, a mí me tocó trabajar en el tabaco, otros en la construcción de casas y otros en granjas agropecuarias.

"Trataba de encontrarle respuesta a mi condición de preso y al menos me decía: —bueno, de mí tuvieron la duda, una vez me hicieron juicio, estuve preso, aquello podía ser una razón para ellos pero… mis hijos, qué en esa época eran casi unos niños. ¿Qué respuesta habría para eso? Desde luego ninguna. Mi dolor por todo aquello yo lo sentí doble, por mí y por mis cinco hijos que jovencitos pasaron a ser cautivos. Uno de ellos vive actualmente en Estados Unidos, se acogió al plan de Refugiados Políticos y otro pronto va para allá por la misma vía.

"No quise irme nunca de este país porque lo mío es esto, las montañas, a mí me dolió más que me obligaran a vivir en Pinar del Río que los 8 años de prisión injusta que cumplí, por eso después de 1990 traté de virar para Manicaragua y a las 72 horas de estar viviendo en una casa que conseguí se me aparecieron unos personajes que me dijeron que yo tenía que virar y me montaron todo en un camión y otra vez para Pinar del Río. Un hijo mío me dio amparo en su casa pues ya me había desligado de la que tuve en Pueblos Cautivos. Estuve unos días con él, pero de pronto le dije a mi hijo que aunque fuera preso mil años yo volvía al Escambray. Y volví".

# ~12~

## Mario Miranda Carpio.
## Me querían obligar a confesar y delatar a los alzados.

Mario Miranda Carpio nació el 20 de junio de 1918. Vivió siempre en un lugar llamado El Piojillo que se encuentra en la carretera que une a Manicaragua con Güinía de Miranda.

"Allí tuve un comercio o lo que hoy llaman una tienda de víveres. Enseguida me lo confiscaron o intervinieron por la orden que hubo en Cuba de intervenir todos los negocios particulares, o sea el Plan Escambray. Era 1966 y también en esa época me llevaron preso para un lugar en Trinidad llamado Condado porque según me dijeron yo ayudaba a los 'alzados'

"Me obligaban a que yo aceptara haber ayudado a los alzados dándoles de todo lo que yo tenía en mi tienda, también me acusaron de haber participado en la preparación de un atentado a Fidel Castro. Ambas cosas nos las imputaban a varios hombres.

"Nos torturaron de una forma espantosa, de la manera más increíble, una de ellas consistió en sentarnos arriba de una caja de muertos que era según ellos el ataúd donde nos iban a meter cuando nos fusilaran Aquello fue en el mes de enero y el frío era insoportable, nos quitaban toda la ropa, y desnudos, nos metían en celdas, pero no en celdas con paredes y puertas, eran una jaulas de hierro donde se colaba el aire por todas partes, te pasabas la noche entera sin poder dormir. Los gritos de los hombres eran espantosos. No quiero acordarme de aquello. En mi caso, nunca vi fusilar a otros delante de mí, pero sí estuve con algunos que vieron fusilar a conocidos.

"Yo no quiero imaginar lo que hubiera sido si nos hubieran encontrado una mínima prueba de que ayudábamos a los alzados. Porque sin tener pruebas contundentes nos encarcelaron, nos llevaron a prisión, nos torturaron. A mí, a mis amigos y a mis familiares ésta revolución nos quitó todo y después nos humilló tanto. Fuimos condenados dos veces por la misma supuesta causa, fuimos sentenciados por el clamor de hombres que no sabían qué son las leyes, qué es el Derecho y fuimos desterrados. Yo no sé ya, a mi edad, si me quedan fuerzas para perdonar.

Mario Miranda y su nieto Osmani Miranda

"De Condado salí vivo pero no libre, pues de allí me llevaron a un juicio a Santa Clara a lo que le decían la Audiencia, fue en el año 1966. Me dictaron 5 años de prisión, ni me acuerdo del número de la causa, sí recuerdo bien que no hubo testigos, ni pruebas, ni derecho a apelación, ni nada. Me condenaron porque decían que como vivía en el Escambray ayudaba a las 'bandas de alzados' que operaban en la zona para tumbar a Castro del poder. Me condenó un 'tribunal revolucionario' sin garantías legales de ninguna índole.

"Sólo estuve en prisión tres años. Me dejaron salir y volví al Piojillo donde estaba mi familia. Enseguida, en 1971 fui citado para un lugar en Manicaragua que le dicen El Rodeo que es donde hoy está el Ranchón, cuando llegué allí vi a muchos hombres conocidos míos, nos montaron en camiones y sin darnos explicaciones nos llevaron para Santa Clara. En un lugar cercano al ferrocarril nos reunieron, era una escuela, ni me acuerdo cual. Más de mil éramos, te lo puedo asegurar.

"Nos montaron a la fuerza en un tren y salieron con nosotros. Aquel tren no tenía condiciones, había frío, llovizna, fuertemente custodiados con guardias y gente del G-2 con armas largas como si tuviéramos delitos de sangre a nuestras espaldas. Nos llevaron a un lugar de Pinar del Río como cautivos. Según iba el tren, bajaban grupos de hombres en distintos lugares. Nos dijeron que no podíamos decir que éramos presos y que si queríamos reunirnos con la familia tendríamos que trabajar y hacer las casas. Fueron varios años en esa condición. Para visitar a alguien en el Escambray necesitábamos un pase o permiso que sólo te daban cada tres meses y que te autorizaba un tiempo muy limitado.

"Mi esposa fue a vivir a Pinar del Rio en el año 1977 en que ocupé una casa, los hijos se quedaron aquí en Manicaragua. Yo no me podía adaptar a aquello y cuando pude preparé todo y viré, en ese tiempo también viraron Ramón Prieto que encontró algunos inconvenientes al llegar pero finalmente se quedó aquí, el amigo Ramón Carvajal, Joaquín Carvajal y muchos más pero no me acuerdo así de pronto del nombre de todos.

"No nos fue fácil al inicio pues no éramos muy bien vistos por los altos mandos, pero como en definitiva ya estábamos viejos y enfermos la mayoría, qué problemas les podíamos causar, además ya el Escambray está repoblado pero ahora por gente de las FAR y el MININT.

"Mi historia es la de tantos humillados. De allá de Pinar del Río se han ido muchos para E. U., por su condición de cautivos. Yo puedo mencionarte a Leovigildo Díaz, Flores Miranda, Carlos Morales. Otros viraron después del 90 para aquí, que yo recuerde son Luis Vega, Bartolo Carpio.

"De esa época hubo quien no aceptó la condición de llevar a la familia para allá y cumplieron la condena pero otros como Vicente Díaz, el isleño Gollo Rodríguez, Mario Díaz, Osvaldo Vigoa, nunca aceptaron casas en ese lugar. Cuando terminaron con lo que la revolución les impuso como condena por el simple hecho de ser del Escambray regresaron. ¿A dónde? —A donde pudieran porque... cuando te citaban para condenarte iba incluida la finca si la tenías, y en muchos casos la casa también, era una forma de obligar a la familia completa que se fuera para los Pueblos Cautivos.

"Los que regresamos a Manicaragua 20 años después tuvimos que empezar de cero una vez más, como cuando nos llevaron a Pinar en el 1971".

# ~13~

**Ramón Alejo Ibargollín.**
**Todo hombre es inocente mientras no se pruebe lo contrario.**

Ramón Alejo Ibargollín nació el 21 de agosto de 1911 en El Marino (caserío muy cercano a Manicaragua) en la carretera que va para Güinía de Miranda.

"Cuando tuve edad para trabajar me dediqué a sembrar tabaco. Estando en Valle Blanco donde tenía mi finca me cogieron preso el día 2 o 3 de enero de 1962 y me tuvieron tres meses en Condado Trinidad. En ese lugar había dos zonas para ubicarnos, unos en Condado Arriba y otros en Condado Abajo. Yo caí con los de Arriba que estaban en mejorcitas condiciones que los otros pues no sufrimos torturas ni fusilaron a nadie en presencia de nosotros pero los del otro lugar sí que fue terrible porque los tenían desnudos y caían unas lloviznas de invierno que taladraban los huesos. Esos sí sufrieron terriblemente.

"Cuando pregunté por qué me tenían allí me dijeron que yo era cooperante de los alzados. Les pedí que me lo demostraran, que me pusieran delante de uno nada más que afirmara eso, pero nada, no apareció un alma para demostrarlo. Era injusto lo que hacían con todos. El abuso no tuvo nombre, en un momento me dijeron que yo cooperaba con los alzados llevando hombres en un carro de Santa Clara para las lomas a alzarse y yo nunca había ido a Santa Clara en aquellos tiempos, no tenía carro ni sabía manejarlos, sin embargo insistieron en que sí y por eso fui interrogado varias veces.

"Me trasladaron de Condado a Santa Clara, me hicieron juicio en la Audiencia y me dictaron 10 años. Había un negro en el juicio que me decía que nos condenaban por colaborar y que eso era por 'convicción'. Después ese negro fue a verme a la prisión varias veces, conversaba conmigo y yo entonces le dije que me habían condenado injustamente siendo yo inocente, que no tuve juicio justo, que no hubo para mi derecho de apelación ni a nada, entonces él me dijo, como medio apenado: —esas cosas son así; y me preguntó que cómo me sentía, que si la pasaba bien. Ni le contesté, ¿para qué?

"Estuve seis años en prisión, regresé a casa pero enseguida me llevaron a Pinar del Río. Tú sabes toda esa historia por lo que veo ya otra gente te habló de ella, para qué repetirla.

Le insistí en que todas las situaciones no eran iguales y que yo quería su versión del hecho.

**Ramón Alejo**

Me contó que…

"De Manicaragua a Santa Clara, luego el tren, iban leyendo tu nombre en una lista y después que terminaron subías, todo bien cerrado y vigilado dentro del tren, hombres con bayonetas y apuntándonos todo el tiempo. Al día siguiente de aquel viaje nos bajaron en unos campos despoblados, llenos de hierbas malas y con unos barracones para vivir en régimen carcelario. Unos trabajaron en la granja, otros construyendo casas, otros en el tabaco. Lo que sí supimos bien fue que si queríamos llevar la familia teníamos que fabricar la casa. Primero inventaron un sistema que la familia podía ir a visitarnos cada 24 días, después de mucho tiempo inventaron un sistema de pase en el que podíamos visitar a la familia que quedó en Manicaragua. Todo eso fue porque no teníamos casa y lo más interesante, que por ningún concepto podías decir que eras preso o que vivías en Pueblo Cautivos.

"Cuando pasó el tiempo y algunos regresaron a los alrededores de Manicaragua y no pasó nada yo regresé pues nuestros hijos estaban viviendo aquí, ellos por suerte cuando yo caí preso no vivían conmigo, fue por eso que no cargaron con la misma pena.

"En Pinar, oí los cuentos de muchos que nos hicimos amigos allá, el caso de Ramón Prieto cuando fusilaron a Melquíades delante de él, escalofría, y yo sé que ese muchacho era inocente, a Melquíades lo mataron para dar un escarmiento, no había hecho nada. Te digo que Ramón Prieto vive una vida prestada, fue un milagro que no lo fusilaran.

"Cumplí la condena que me echaron, cumplí el destierro dentro del mismo país, tengo 90 años y si hubiera cometido algún delito nada que ver tenía que lo afirmara porque no le debo a la 'ley de Castro', pero te aseguro que fui inocente de todo lo que me acusaron. Esta historia la vivimos más de mil hombres y las consecuencias las sufrieron las familias. Fuimos los reconcentrados de Fidel Castro.

Miami, donde todos los caminos conducen
a la historia limpia del Escambray.

# ~14~

### Julio Machado Gutiérrez.
### El más joven de los reconcentrados.
Reside actualmente en Miami.

Julio Machado Gutiérrez tenía 20 años cuando fue llevado a los Pueblos Cautivos en Pinar del Río. Por ser el más joven de aquel grupo de 2100 hombres de la región central de Cuba es quien mejor recuerda los detalles, las fechas, los nombres de todos los que tuvieron que ver con el pedazo de historia triste que el oficialismo cubano tapa y falsifica sin el menor escrúpulo.

Vivía en Báez, poblado muy cercano a Guaracabuya punto exacto que marca el centro de la isla de Cuba. Por la posición geográfica, Báez pasó a ser una zona muy importante antes y después del triunfo de la Revolución y todo se debió a los fuertes nexos que tenían los miembros del Directorio Revolucionario con colaboradores de Placetas, sumado a la cercanía a Fomento y a Manicaragua (territorio montañoso donde se establecieron los focos de insurgencia en ambas etapas de la lucha).

En el caso de él, igual que todos los que integraron la lista de reconcentrados, fueron citados en el poblado de Báez la noche antes para decirles que debían estar al día siguiente en un lugar determinado del pueblo para una reunión. Quienes se encargaron del proceso de citación eran militantes del partido comunista y miembros del MININT que sí sabían para qué era todo aquello, pero nunca les dijeron una frase que los hiciera sospechar de lo que les depararía el destino al día siguiente.

De toda esa parte conserva Julio Machado hasta el mínimo detalle grabado en su recuerdo y cuenta:

"Sin preámbulos, en la mañana del 15 de diciembre del 1971 nos recogieron en el cuadro de pelota de Báez donde ya estábamos reunidos todos los citados, cuando se habló de la ausencia de un señor de apellido Castellanos que no habían podido citar y por ende no estaba presente, uno de los dirigentes dijo: —No importa, ustedes le cuentan lo que se va a decir allí—, cuestión que dio la apariencia de que sería un trámite sin importancia y regresaríamos enseguida.

"Montamos en un ómnibus de pésimas condiciones al que llamaban 'guarandinga', nos llevaron hasta Santa Clara y nos dejaron en una escuela tecnológica que está situada al lado de la carretera central vía Placetas y unos kilómetros antes de llegar a la ciudad de Santa Clara. Sin explicaciones nos condujeron hasta un patio interior de aquella construcción cerrada. Ya aquello empezó a resultarme extraño, incluso algunos hombres comentaban que nada bueno nos esperaba. Observé que todo el lugar estaba fuertemente custodiado por milicianos y miembros de la Seguridad del Estado que portaban además del uniforme acreditativo armas largas con bayonetas caladas. Allí adentro observé que había hombres de otros poblados e incluso gente que había estado presa unos años atrás (después supe que esos hombres tenían una amnistía en ese momento y estaban en libertad pero sin saber porqué unos días antes los llevaron presos para la carretera de Camajuaní, donde aún están los calabozos del G-2) y los tuvieron allí presos hasta el día 15 que los trasladaron fuertemente custodiados a reunirlos con nosotros en la escuela. Otros que habían sido sospechosos de que colaboraron con los 'alzados' contra Castro; otros que no habían sido jamás detenidos ni presos; incluso había algunos personajillos que en la época de lo que se llamó 'limpia del Escambray' se habían prestado para chivatear y ayudar a los milicianos, en fin, de todo.

"Unos personajes que eran dirigentes del Partido y del MININT se situaron en un pasillo lateral de la segunda planta del edificio y desde allí hablaron a todos los que estábamos en el lugar. El señor que nos habló era el capitán del MININT Ángel Martín, junto a él estaba la entonces segunda secretaria del Partido Comunista en Las Villas, Elia Julia García Patiño , allí nos dijeron la razón por la que estábamos: *Por decreto del Comité Central del PCC, seríamos 'evacuados'"* y el lugar de destino era Pinar del Río, de más está decir que en aquel discurso las ofensas sobraron, nos trataron como bandoleros, en fin, de todo lo que se le puede decir a un hombre para ofenderlo.

**Julio Machado y la periodista independiente Idolidia Darias**

"Yo observé todo aquello con detenimiento y vi cómo en los techos del edificio había hombres armados. Dentro del edificio también todos estaban armados y constantemente vigilantes al menor movimiento de nosotros o a la menor señal de resistencia o rebeldía. El miedo de aquellos milicianos y guardias se notaba y estoy seguro que cualquier movimiento por rebelarnos nos hubiera costado la muerte porque estaban dispuestos a todo. Déjame decirte que cuando nos dijeron lo que harían con nosotros hubo hombres que se desmayaron, fue tan fuerte el impacto que no resistieron.

"Dentro de aquel patio fuimos pasando por unas mesas donde habían largas listas y según verificaban el nombre nos ordenaban ir para un lugar determinado del patio. Se fueron creando allí dentro distintos grupos de hombres. Mi nombre no aparecía en ninguna lista y cuando un oficial que estaba cerca oyó aquello se acercó a la mesa y dijo: —*'ponlo en esa lista'*— y señaló para una de ellas. A partir de ese momento quedó sellado mi vínculo con aquella etapa que me volvió a encarcelar mientras viví en Cuba".

—¿Qué antecedentes tú tenías para con apenas 20 años pasar a formar parte de aquella lista de 'elegidos'?

"Yo había estado preso desde los 16 hasta casi los 19 en una cárcel para menores situada en La Habana específicamente en la zona de Aguacate, Jaruco, desde luego por razones políticas, yo fui llevado allí donde también tenían menores de 12 y 14 años. Ya en 1970 yo volví a mi casa pero ese señor que ordenó incluirme en la lista y que se llama Julio Laurelio, conocía bien quien yo era y mis posiciones políticas, además él también conocía a mi padre, Arístides Machado, sabía de todo lo que pensábamos de la etapa que se imponía en Cuba y de que en cualquier circunstancias estaríamos en contra pues considerábamos que aquello no era lo que necesitaba Cuba. También me conoció cuando yo estuve preso en el G-2 y antes de llevarme para la cárcel de Jaruco, en fin, sabía bien quién yo era y mis 'antecedentes contrarrevolucionarios'. Según he sabido ese señor es actualmente jefe de la fiscalía provincial de la actual provincia Villa Clara.

"De aquel lugar nos sacaron por la tarde, todo nublado pues era diciembre y en Cuba es época de lloviznas y algún frío. Fuimos caminando en fila por la parte de atrás de la escuela directo al ferrocarril que quedaba muy cerca. A ambos lados de la carretera se situaron las dos filas de seguridad, una de guardias del G-2 y detrás una de milicianos, todo el tiempo con las armas listas para disparar, allí nadie podía intentar salirse de la fila, cualquier gesto podía ser castigado."Nos hicieron subir a un tren que esperaba y adentro del vagón todo fue peor, eran unos vagones incómodos de asientos rígidos y bajitos, las ventanas casi clausuradas solo tenían un mínimo espacio abierto arriba para que entrara el aire pero no podías sacar ni una mano. Subimos y el tren partió rumbo a Pinar del Río, ningún familiar nuestro recibió un aviso ni una nota, ni una explicación.

"Como antes de subir algunos se pusieron un poco rebeldes los llevaron para los últimos vagones que habían preparado como castigo para los que se rebelaran. A un amigo mío llamado el "Bolo Barber", no recuerdo exactamente por qué, lo metieron allí de castigo y no lo vimos más hasta estar en los barracones en Pinar.

"Adentro de los coches iban los hombres de las tropas especiales de Patricio de la Guardia custodiándonos y si necesitabas ir al baño te acompañaba uno de ellos y con la puerta abierta y la bayoneta apretada contra la espalda teníamos que hacer las necesidades fisiológicas.

"Nuestros familiares no tenían idea de donde estábamos y nosotros no teníamos con quien avisarles ni enviarles una nota o razón. Nos fuimos con la misma ropa que traíamos puesta, nada más. En aquel tren subieron personas muy, muy ancianas, otras prácticamente inválidas, con enfermedades crónicas, otras que no habían participado en nada que tuviera que ver con los 'alzados'. Lo que más nos indignó en medio de tanto atropello y abuso de poder, fue que usaran de justificación que 'nos llevaban para allá porque los familiares de las víctimas del Escambray no querían encontrarse con ellos en la zona.

"Nos sentenciaron con la frase: —*Jamás volverán a Las*

*Villas.*

"Ese día de la partida obligada se paró el tráfico de trenes en el país para dar vía libre al que nos llevaba, cuando el tren salió con nosotros hacia el occidente no se detuvo ni un instante en ningún pueblo ni paradero, solo en La Habana se estacionó un rato, no supimos la razón, después emprendió de nuevo la marcha, toda la noche viajando en aquellas condiciones. Al día siguiente pasamos la ciudad de Pinar del Río y un poco después paró el tren para dejar una parte de hombres en un lugar cercano al pueblo de San Cristóbal llamado Fajardo y que era una cárcel, bajaron un grupo en calidad de cautivos y el tren siguió hasta más adelante que paró en otro lugar llamado San Carlos donde dejó otra cantidad, así sucesivamente hasta llegar al último lugar llamada Sandino donde ya había personas viviendo desde 1960 cuando sacaron del Escambray un grupo de campesinos y los llevaron presos a vivir allí y a otro lugar llamado Sin Nombre en la ciudad de Santa Clara.

"Mi padre también iba en ese grupo, sin embargo no lo dejaron en la misma prisión que a mí, él fue llevado hasta Sandino que era el último lugar en la costa donde el jején y la vegetación costera eran un enemigo más de los habitantes de aquella zona".

"Fui bajado en San Carlos, aquel lugar tenía 10 o 12 casas a un kilómetro y medio de las barracas donde nos dejaron a nosotros. Con el paso del tiempo supe que a los moradores del caserío le habían dado órdenes estrictas de no acercarse a nosotros porque éramos 'violadores, bandoleros y gente peligrosa'. Allí donde nos dejaron se fabricaron casas, a aquel lugar después se le llamó Ramón López Peña, como al anterior donde se quedó el primer grupo, que le llamaron Piti Fajardo".

—¿Cómo era el régimen de vida, qué imposiciones tuvieron?

"Vivíamos en barracas como prisioneros, en el campamento donde yo estaba había barracas para los guardias y para los presos, las de los guardias tenían mejores condiciones desde luego. Nosotros trabajamos en lo que se dispusiera, la comida era pésima, pasábamos un hambre atroz, yo por ser más joven soportaba mejor las inclemencias del lugar pero allí hubo hombres muy enfermos que apenas podían caminar, otros nunca en la vida se habían separado de su familia pues siempre fueron unos campesinos metidos en sus casas allá en el Escambray dedicados a la tierra y a la vida familiar y aquello prácticamente los mató de tristeza, de sufrimiento. También las enfermedades hicieron estragos en ellos.

"En todos los caseríos y poblados las autoridades del gobierno y del partido habían dicho que éramos criminales, bandoleros, gente peligrosa de muy baja catadura moral y que nos habían llevado para allí porque en el Escambray no nos querían y lo más prudente era aislarnos. La llegada de nosotros a aquel lugar con los antecedentes que ya expliqué, más el régimen de prisión que nos impusieron, fue motivo sobrado para que al principio nos temieran, nos rechazaran y de verdad nos creyeran violadores de mujeres en el Escambray, asaltantes, ladrones, en fin, todas las máculas. Claro, es importante tener en cuenta que esa época en Cuba se había creado a nivel general un estado de ánimo muy negativo contra los que el régimen calificaba de 'bandidos', porque Castro en sus discursos, la prensa, la radio y la televisión no habían hecho más que hablar horrores de la 'Limpia del Escambray' y de los 'bandidos' del Escambray'. Con el tiempo y nuestra actitud decente la opinión cambió en la región y fuimos aceptados y respetados por la población en general.

"Dos meses después de diciembre en febrero 1972, llegaron a los pueblos cautivos como 200 hombres más que de igual manera fueron distribuidos en diferentes prisiones. Esa vez los llevaron en ómnibus, eran los que habían quedado de la redada que hicieron en diciembre, allí estaban los que por alguna razón aquel día no pudieron ser citados o no acudieron al lugar donde debían estar, recuerdo que el amigo mío de Báez, José Luis Castellanos llegó en ese grupo. Para ellos todo fue igual que para nosotros al llegar allí".

—Varios entrevistados me han dicho que les prohibían decir 'estamos presos'. ¿Cómo los llamaban entonces?

"A nosotros nos precisaron bien que no podíamos decir que éramos presos porque éramos 'evacuados', sin embargo desde el momento que nos citaron en Santa Clara y sin darnos una explicación nos montaron por la fuerza de las armas en un tren y de igual manera custodiados nos llevaron a vivir en barracas, cercadas y custodiadas por guardias, sin derecho a salir, salvo una autorización que llamaban pase, estábamos presos.

"Era la ironía más grande que pueda conocer un ser humano y es la esencia misma del régimen de Castro que nunca ha tenido piedad ni respeto por los derechos humanos.

"La vida allí no fue fácil, y mucho más si se tiene en cuenta que algunos de aquellos hombres ni siquiera habían salido de sus casas en el centro del lomerío, ni tenían idea de dónde estaban. Las esposas y los hijos se quedaron sin amparo ni ayuda, solas, enfrentando la vida que en Cuba siempre fue llena de carencias y necesidades, mal miradas donde vivían porque eran las mujeres de los 'bandidos del Escambray', y los niños eran los hijos de los 'contrarrevolucionarios'. Con ese estigma vivieron y seguirán viviendo los que no salieron al exilio.

"Nueve o diez años después se terminaron las casas que se construían en Pinar del Río y pudieron ir a reunirse con sus padres en los pueblos cautivos, los hijos y las esposas. Te puedo garantizar que muchos niños aprendieron primero el significado de cautivo que leer y escribir.

"Mis hijos nacieron allí.

"Todos eran gente buena, noble, honesta y sencilla. El guajiro como le llaman en Cuba al que vive en el campo, siempre fue muy servicial. Allí la mayoría de los hombres eran de los alrededores de zonas como Trinidad, Condado, Báez,

Fomento, Mataguá, Manicaragua, Cumanayagua y otros que vivían en las lomas por la zona de Jibacoa, La Lima, La Moza, Barajagua, en fin, todo el Escambray y los alrededores. Todos ellos cuando vivían en el Escambray ayudaron a los rebeldes cuando pasaban por sus casas, les daban agua, comida y lo que necesitaran, luego cuando los alzados contra Castro fueron a esas montañas ellos hicieron lo mismo.

"Fue una etapa muy dura porque se vieron en una encrucijada tremenda".

—¿Nunca regresaste a Báez?

"No, yo estuve allí en los pueblos cautivos hasta que emigré como refugiado político hacia Estados Unidos. Realmente sentí que yo estaba allí porque siendo un adolescente de 16 años fui preso político, no era comunista, no era seguidor de Fidel Castro y era necesario para el régimen que yo 'pagara' por eso, por tanto lo acepté con el orgullo de saber que me tocaba esa situación precisamente por no haber creído nunca en aquello que se impuso en Cuba y que ya se acerca a Medio Siglo.

"Hay muchas anécdotas de esa etapa que no se olvidan.

"Siempre recuerdo un amigo mío que lo ubicaron en la misma prisión que yo. En una ocasión ante tantas humillaciones a que nos llevaron, ante tantas carencias él les decía a los carceleros: —'Nosotros somos capaces de aguantar lo que ustedes no son capaces de apretar'.

"Así vivimos siempre en aquellos campamentos, en una constante represión y limitación de todos los derechos. Entre muchos de nosotros se creó una solidaridad, una hermandad indestructible, cuando alguien moría lo sentíamos como familia.

"Nos unió el dolor, los malos tratos, el cautiverio, el desarraigo, nos sacaron de nuestro ambiente, de nuestra tierra, nos alejaron de todo por un capricho de Fidel Castro. Lo único que no nos pudieron quitar fue la convicción de que nada bueno llevó el Ejército Rebelde y Fidel Castro a Cuba".

—En algún momento de la conversación me hablaste de que tu papá Arístides Machado fue ubicado en un lugar donde ya había cautivos desde 1960.

"Entre 1960 y 1963 Castró ordenó hacer la primera ofensiva en lo que llamaron Limpia del Escambray, en esa época recogieron los campesinos y de igual manera en calidad de presos los trasladaron para diferentes lugares. El pretexto fue el mismo, pero en ese caso lo que hicieron fue que a los hombres los recogieron para ese lugar y a las mujeres y los niños los llevaron para un reparto en La Habana llamado Miramar, a vivir en albergues hasta que se hicieron las casas y reunirlos con los hombres en Sandino. Fue horrible también, y desde luego sumamente traumático. Los sacaron del Escambray de pronto y sin ningún tipo de explicación. Las familias se vieron en medio de una confusión y desorden alarmante. Las pocas pertenencias que llevaron aquellas mujeres y niños lo constituían las ropas que llevaban puestas y cuando llegaron a Miramar las familias fueron mezcladas al azar para vivir en un régimen de cautiverio. Cientos de mujeres y niños que nunca habían salido de sus casas y que tampoco tenían idea de donde estaban, ni entendían el por qué".

# ~15~

**Diego Francisco Talavera Rodríguez. (Paco).**
**Los que me embrutecieron fueron los comunistas y los secuaces cuando me decretaron a los 20 años de edad 20 años de prisión.**

Natural de Manicaragua. Hijo de una familia muy conocida y respetada en la zona de Manicaragua y La Moza. Sus padres Francisco Talavera y Sergia Rodríguez vivían en la Finca El Jobo aunque los tres hijos Diego, Exiquio y Yolanda pasaban el tiempo indistintamente en la casa de las tías en Manicaragua y en la finca familiar. También sus tíos tenían propiedades en la zona cercana a la de sus padres.

Las fincas de la región alcanzaban prosperidad. Las familias se sustentaban con el resultado de un trabajo abnegado y una dedicación constante a sus sembrados y cosechas. Ellos y sus vecinos colindantes eran propietarios de sus terrenos y por ende dueños de sus viviendas. En 1959 estudiaba en el Instituto de Segunda Enseñanza en Santa Clara, y por motivo de la distancia que separaba su casa de Santa Clara, pasaba la época de clases en la ciudad, y el tiempo restante en Manicaragua donde sus tías, o con los padres en la finca.

Ya en esa etapa, pese a su juventud, tenía la suficiente claridad para comprender las acciones y realidades que se iban presentando en el país y específicamente en la provincia de Las Villas y la zona de Manicaragua donde vivía. Ni él ni su familia tuvieron vinculación con los acciones del ejército rebelde antes de la llegada al poder. No colaboraron con los rebeldes alzados contra Batista.

'Paco' Talavera, como siempre le han llamado familiares y amigos tenía 17 años cuando llegaron los rebeldes a

Manicaragua una madrugada del 23 de diciembre de 1958. De esa época recuerda:

"Fue un incidente sin ninguna importancia, no hubo una batalla tremenda ni nada parecido, solo unos disparos y los soldados enseguida abandonaron el combate. Unos días después ocurrió lo del 1 de enero de 1959 cuando Batista abandonó Cuba y los rebeldes se fueron apoderando del país.

"Empezaron los atropellos desde principio mismo de la revolución. En enero, febrero, marzo del mismo 1959 de allí de Manicaragua fusilaron a dos o tres personas, por gusto, que no tenían nada que ver con crímenes, ni con atropellos a ninguna persona en la época de Batista. A un sargento del ejército anterior un chinito que yo no supe ni cómo se llamaba ni me unía ningún tipo de amistad, lo fusilaron y mi padre me decía 'a ese señor lo fusilaron por gusto', era una persona decente y respetuosa que cumplía con su trabajo como sargento del ejército pero jamás cometió abusos ni atropellos, era un militar, pero era un caballero'. Lo fusilaron así de pronto, de la noche a la mañana.

"De igual manera empezaron a verse otras situaciones que también causaron malestar. Fue cambiando todo, a mucha gente que habían sido revolucionarios y apoyaron todo aquello de los rebeldes y del proceso revolucionario fueron dándole de lado, yo recuerdo que la asociación nacional de campesinos la destruyeron completa, eran acciones que traían efectos de rechazo. Las personas que veían aquello no comprendían bien lo que empezaba a suceder pero se sentían disgustadas. En mi familia de ninguna manera hubo admiración por los rebeldes que llegaron al poder y muy rápido mis padres se dieron cuenta que vendrían tiempos peores.

"En esa época Manicaragua era un territorio muy próspero, tenía las mejores vegas de tabaco del país, una producción ganadera buena, en la zona de las montañas se cosechaba excelente café y por demás las plantaciones de cultivos varios de la región eran también abundantes y de calidad. Los que tenían tierras en las fincas aledañas a Manicaragua, La Carranchola, La Moza y El Hoyo de Manicaragua podían dar constancia de eso.

"Con la llegada del comunismo ya en el mismo 1959 los atropellos se vieron claramente. El acontecimiento que marcó esa etapa fue la llegada de Félix Torres que era comandante del ejército rebelde a Manicaragua y a toda la región Escambray. Ese señor era un asesino de marca mayor implantando a la brava un plan y tenía todo el respaldo, todo el poder para hacer lo que quisiera y como le pareciera Llegó con su famoso y tristemente conocido Plan Escambray. El primer impacto lo recibimos las familias que teníamos propiedades, tierras o establecimientos como tiendas, comercios, bares, escogidas de procesar tabaco, pequeñas fábricas de tabaco o cigarros, tanto en el poblado como en los alrededores.

"Nosotros teníamos tierras cerca de La Moza en un lugar llamado El Jobo, ellos llegaron y nos dijeron "ya ustedes no tienen tierras aquí, tienen dos opciones, se pueden ir o se pueden quedar en la casa, si se quedan le dejamos alrededor de la casa unos cordeles pero no tienen derecho a nada más ni pueden entrar a los otros lugares de la finca, ni cultivar allí .Mi padre preguntó: —¿Las reses, los animales? —No, eso no es de ustedes, contestaron.

"Nos quitaron todo.

"Yo recuerdo que por toda aquella zona varias personas tenían sus propiedades y ganado y fue igual. Por los alrededores la familia Valladares, mis tíos los Talavera, Reinaldo Pérez, Pastor Rodríguez, Segundo Moreira, Vicente Cora, el sargento Pedro Corzo tenían sus fincas y de pronto pasaron todas a manos del plan, incluso los más difíciles fueron con los que vivían permanentemente en las casas que tenían allá en las fincas, el gobierno mandó a cercar y cerrar todos esos terrenos, aquello pasó a llamarse granjas. Los que vivían dentro quedaron atrapados en medio. Eso motivó que muchos se tuvieron que mudar de allí porque al no dejarle lugar por donde ir a los poblados se les dificultaba todo.

"Lo hicieron a la brava y el que se viró lo metieron preso, yo tenía dos tíos que dijeron "no nosotros no, tú estás equivocado eso es de nosotros", y se viraron, el resultado fue que los agarraron presos y fueron a parar a Topes de Collantes lugar situado en las montañas en el mismo centro del Escambray que había sido un sanatorio construido por gobiernos anteriores para que los enfermos tuberculosos reposaran y que de la noche a la mañana se convirtió en centro de tortura y detención.

"En aquel momento lo habían convertido en una prisión y a todo el que se revirara, protestara o se manifestara en contra de las órdenes que se dictaban para el Escambray iba a parar allí, desde luego, en esa etapa ya una orden de Félix Torres en el Escambray podía oscilar entre mandarte a fusilar, meterte preso un tiempo, coger una golpiza hasta dejarte en la calle con la muda de ropa que traías puesta. A mis tíos los llevaron a Topes de Collantes, presos los tuvieron 90 días y después los soltaron. Cuando regresaron ya ni soñar con que pudieran ir a las fincas.

"Los términos que se manejaban en aquella época eran 'intervenir'. El Plan Escambray consistía en eso, intervenir, que traducido a la realidad fue quitar a la fuerza, despojar a los campesinos de sus propiedades, de sus tierras e indirectamente obligarlos a dejar sus casas. Por ejemplo si una persona tenía varios carros, un tractor, camiones también lo intervenían puesto que según ellos 'la revolución los iba a necesitar para las tareas del país', a la mayoría le decían 'necesitamos tu carro, la revolución necesita tu carro para mover la milicia, para mover provisiones' y se lo quitaban, el que tenía un camión era difícil que se lo dejaran. Hubo casos aislados de individuos que con influencias de algunos oficiales del ejército rebelde hicieron gestiones, movieron amigos y lograron que les dejaran un camión, hubo otras que empezaron a dar carreras y buscar papeles para demostrar que ese carro era el único modo de subsistencia y que les era necesario y lograron que se los dejaran pero en realidad fueron muy pocos. Fueron más los que perdieron todo que los que obtuvieron algo. Y hubo casos de gente que ni con gestiones, ni suplicando, ni viendo a quien fuera, lograron conservarlos. Si ellos creían que lo necesitaban no había contemplaciones.

"Hay anécdotas interesantes de esa época relacionadas con Félix Torres, si a él le gustaba un auto de alguien allá iba y se lo intervenía y después el dueño lo veía por el pueblo pavoneándose con el carro. Así actuaron también muchos jefes y comandantes del llamado ejército rebelde. Yo recuerdo más el caso de ese señor porque él hizo historia en Manicaragua, allí se creía el caballero y a costa de lo que era, abusaba sin límites. Félix Torres era un comunista nato y lo que pudiéramos llamar un esbirro mayor, un tipo sin escrúpulos, lo mismo le daba darle un balazo a un hombre que mandar a fusilar a otro por cualquier razón, ya te dije era sanguinario. Esa fue la parte de inicios del nombrado Plan Escambray.

"En 1960 ya yo pertenecía al MRR que tenía el centro de dirección en Santa Clara y empecé a conspirar contra la recién instaurada tiranía castrista, aunque no puedo nombrarte todo el grupo que hizo acciones conmigo en esa etapa por razones de seguridad de los que viven en Cuba, sí es imprescindible nombrarte a Olegario Enrique Vilasa, Julio Reyes Suárez y a Roberto Rivero Gómez porque están fuera de Cuba y no peligra su seguridad personal y además porque fueron hombres claves en las acciones del MRR en toda la región central.

"Roberto Rivero siempre fue muy efectivo en las actividades que planeaba y ejecutaba para hacerle la contra al comunismo. Nosotros operábamos en toda la provincia central, trasladábamos personas que conspiraban de un pueblo a otro cuando se 'quemaban'. Todo era bajo el riesgo de que nos detectaran y apresaran. Llevábamos hombres a alzarse. Por órdenes del movimiento hicimos acciones de sabotaje contra propiedades del gobierno, trasladábamos armas, municiones, dinero, mensajes. Te puedo asegurar que varios de nosotros dejamos todo para incorporarnos a la lucha. Yo dejé la escuela y me dediqué a tiempo completo, igual Rolando González Pérez Borroto que dejó su trabajo en el juzgado de Remedios, tambíén Gorito Chaviano que comenzó a colaborar directamente y fue uno de los que más hombres llevó a alzarse para los lugares donde iban a ocurrir los alzamientos.

"Teníamos tareas variadas, en determinado momento Adelaida Martínez Andrade me orientaba llevar hombres para el territorio de Yaguajay para que se alzaran y hacia allá me iba, pero después se determinaba quemar una casa de tabaco o un almacén y se hacía, podía pasar que en un tiroteo resultáramos heridos o muertos pero el riesgo había que correrlo. Desde luego éramos muy perseguidos y no se escatimaban recursos ni balas para agarrarnos. Pero tuvimos en esa época la gran suerte de no haber sido delatados ni infiltrados por el G-2.

"Yo era gran amigo de Sinecio Walsh y sabía que él, pese a haber sido del ejército rebelde, estaba en las actividades de conspiración, igual mis amigos Diosdado Mesa y Vicente Méndez que eran de Manicaragua y se alzaron, ellos sabían en qué actividades yo andaba, por eso cuando se necesitó que yo recogiera a Plinio Prieto y lo dejara en las montañas para reunirse con Sinecio, contaron con mi ayuda.

"Por esa fecha yo estaba clandestino, me fui de Manicaragua y cuando regresaba era para ayudar en algún alzamiento. Yo los llevaba a la casa de mis padres, ahí los escondían hasta que otros contactos los encaminaba hacia donde estaban los demás alzados. Mi mamá se involucró en esas actividades porque a veces ella me decía 'no, yo me encargo'. Ella por evitarme tropiezos a mí era quien se encargaba, igual les preparaba comida a los alzados y se las enviaba.

"Yo siempre escondiéndome porque ya por esa fecha habían

puesto unos anuncios en los postes de la electricidad del poblado de Manicaragua con el nombre mío, el de Joaquín Membibre, el de Diosdado Mesa y el de Vicente Méndez dando nuestras señas y aclarando que éramos bandidos y nos buscaban para apresarnos.

"Sinecio Walsh, estaba alzado en la zona de Veguitas y a él se le había sumado una gran cantidad de hombres. En agosto ocurrió el alzamiento del grupo que dirigía Porfirio Ramírez de Santa Clara y subieron hasta las montañas a reunirse con la tropa de Sinecio.

"El mismo Sinecio envió al capitán Diosdado Mesa, que era su ayudante, a que se comunicara conmigo y con Reinaldo Pérez también gran amigo mío de la infancia y además vecino de mi familia, para que recogiéramos a Plinio Prieto que venía con otras personas a alzarse y necesitaba de prácticos que lo llevaran para las lomas. Ahí supimos que Plinio estaría en casa de Míster Q, un señor americano que vivía en el Hoyo de Manicaragua y esperaría por nuestra ayuda para subir al Escambray.

"En esa zona donde estaba la casa del americano había varios inconvenientes para llegar sin ser notado. El primero que estaba muy céntrica, al lado de la carretera y el segundo que por toda el área había dos cercos de milicianos, lo que hacía difícil llegar a la finca sin que lo notaran a uno. Yo primero fui por el día a caballo a conversar con el que era capataz de la finca, que era mi amigo. El inconveniente más fuerte que vimos fue que Míster K tenía 25 perros y si nosotros llegábamos allí de noche seguramente iban a comenzar a ladrar pues éramos extraños. Esa situación desde luego iba a llamar la atención de los milicianos que estaban en la zona, hablé con él y me dijo que estuviera allí a las 11 de la noche que él resolvería. Llegamos a la hora acordada y efectivamente estaban esperando. No se formó ningún escándalo porque ellos encerraron los 25 perros en un cuarto de la casa y nosotros anduvimos rápido. Fuimos Diosdado Mesa, Reinaldo, yo, y otras personas, incluso una de ellas se nos pegó en el camino, yo no lo conocía ni supe cómo se llamaba pero como era amigo de Diosdado no pregunté por qué estaba allí.

"Llegamos a buscar a Plinio Prieto quien estaba acompañado de otro señor grueso que no supe su nombre y de Godofredo Sánchez Iriarte, un tipo que después llegó a ser teniente coronel de la Seguridad del Estado en Cuba. Aquella situación de ver aquel tipo allí del que teníamos conocimiento era infiltrado del G-2 nos preocupaba muchísimo y se lo comentamos a Plinio Prieto pero en aquel momento Plinio parece que no tenía sospechas de él porque nos pidió que no nos preocupáramos.

"Yo no podía estar tranquilo, pero de todas formas salimos de allí sin tropiezos mayores y enfilamos campo adentro hacia la zona de La Moza para por ahí subir buscando las lomas. Entramos directo a la finca de los Valladares, pasamos a la finca de los Talavera, que había sido de los tíos míos. La caminata se hizo muy difícil porque Plinio traía una planta de radio que yo creo que pesaba como trescientas libras, además las armas, los magazines, las inconveniencias de viajar de noche, unido a eso la estrecha vigilancia que había en toda la zona, todo conspiraba contra nosotros. El señor grueso que venía acompañando a Plinio se desmayó dos veces. A casa de Reinaldo no pudimos ni entrar, pasamos cerca y seguimos buscando porque aquello estaba cerrado de milicianos. Al amanecer nos tuvimos que esconder en una cueva de auras que se llama Don Perico a esperar que pasara el día. Cuando aclaró, Reinaldo se hizo el que iba a ordeñar una vaca y bajó una que andaba suelta por los alrededores para no llamar la atención de los milicianos, la vaca incluso no tenía ternero ni nada, pero así fue que llegó a su casa y no regresó más con nosotros.

"A la noche siguiente seguimos subiendo por un lugar llamado la Guanábana, al fondo de La Lima, por esa zona dejé a Plinio porque tenía otras cosas que hacer propias del MRR. De ahí en adelante siguió Diosdado Mesa con ellos.

"Guardé por un tiempo un radiecito de Plinio que era pequeñito, cuando yo caí preso se quedó alguien con él y me lo guardó. Incluso tenía grabado el nombre de él y el de una mujer que según creo era la hija. La planta de radio también hubo que dejarla en un lugar, se escondió y nunca fue encontrada por el ejército ni nadie supo donde la dejamos, yo sé que la buscaron mucho pero el secreto aún existe y el lugar donde se escondió sólo lo saben personas que nunca lo dirán.

"Enseguida cayeron presos Blanco Pérez Fuentes y Reinaldo Pérez Fuentes, ellos eran tres hermanos, el otro se llamaba José y los tres participaron de una manera o de otra en lo que tuvo que ver con los alzamientos, servir de prácticos y ayudar a los que estaban alzados, y los tres recibieron condenas de 20 y más años.

"La gente de Plinio y otros alzados cayeron presos unas semanas después. Los otros alzados que estaban por aquella zona sufrieron una encerrona en un lugar que se llama la Cariblanca y El Salto. Recuerdo a Hugo Rodé, a Nene Ortiz, Tony Chao, Diosdado Mesa, Joaquín Membibre que rompieron un cerco en la Cariblanca y se escaparon. Vicente Méndez, Edel Montiel, más tarde escaparon de otros cercos y persecuciones que les tendieron y después salieron para el exilio.

"Cuando eso yo andaba clandestino, siempre daba otro nombre, el mío no lo podía dar pues me delataba inmediatamente y ya me andaban buscando. Tenía orientaciones del MRR de hacer acciones contra las propiedades pertenecientes a personas chivatas y seguidores del régimen, en fin todo tipo de acto que destruyera lo que el comunismo le estaba robando a las personas por la vía de la llamada 'intervención y nacionalización'. Nunca contra las personas en específico ni contra sus casas de vivienda.

"En una ocasión me vi complicado en una acción que realizamos en Sancti Spíritus y tuve que salir huyendo, cogí un camión y aunque el chofer me hizo algunos comentarios del tiroteo que acababa de ocurrir en el poblado me hice el desentendido, cuando faltaba un poco para llegar a Santa Clara me quedé en un lugar situado en la carretera central después de pasar el caserío de Falcón. Allí había una casa que nosotros usábamos, era propiedad de María Antonieta López Laredo (la negra o la mulata Vila) una señora que vivía en Santa Clara pero tenía esa propiedad allí y la puso al servicio de la causa. Después ella vino en un carro y me sacó de allí junto con el otro hombre que estaba herido y se escondía en ese lugar antes que yo llegara.

"En aquel sitio se escondieron hombres, se guardaron armas, se dejaron encargos para que otros los recogieran. Era un punto seguro en ese momento, y lo menciono porque esa mujer fue muy importante para nosotros y ayudó mucho, luego ella como todos fue condenada a varios años de prisión.

"La historia de Cuba no recoge ninguno de esos momentos y si nosotros no los ubicamos y lo decimos quedarán en el olvido y el anonimato porque el tiempo pasa y ya algunos fallecieron y otros están muy viejos. No es justo que queden en el olvido o el anonimato, como tampoco deben quedarse los nombres de varios hombres que dentro del MRR hicieron frente a la tiranía castrista y cooperaron al ciento por ciento y te puedo mencionar a personas como Rolando González y Roberto Rivero que jugaron roles muy significativos en aquel momento. De igual manera te puedo hablar de otros hombres que estuvieron en las montañas en la primera etapa de alzamientos como fueron Edel Montiel, Joaquín Membibre, Vicente Méndez, Diosdado Mesa. Ellos en determinados momento fueron muy perseguidos y buscados y creo que si los hubieran encontrado hasta la pena de muerte les hubieran decretado.

"Estando alzado y lejos de Manicaragua, recibo a través de un hombre que se llamaba Alberto Rodríguez y que era íntimo amigo de Diosdado, un recado de este que decía que me quería ver. Así lo hice y fue cuando Diosdado me planteó que tenía que salir del país pues la otra parte del grupo que no pudo romper el cerco de la Cariblanca estaba presa y a algunos los habían fusilados. Empecé a hacer gestiones para sacar a esa gente, el primero fue Hugo Rodé, y después Tony Chao que le decían el americanito, le siguió Diosdado, Membibre... Todos fueron llevados hasta La Habana para casas de seguridad y luego no tuve más contactos con ellos lo que sí supe fue que al americanito lo agarraron en una encerrona en La Habana y herido y todo, lo fusilaron en La Cabaña.

"De los demás hombres y su salida del país se encargó Anael quien después se "quemó" y tuvo también que salir.

"Sacar del Escambray a la gente fue riesgoso e histórico y en esa etapa lo pudimos hacer porque conformábamos una cadena de contactos seguros a quien el G-2 no había penetrado.

"También por órdenes del MRR fui para otro lugar que quedaba por Suazo, pero monte adentro lo más cercano posible a Santa Clara. Eran sitios menos montañosos pero propicios para esconderse y además por allí había gente que nos podía ayudar y llevar mensajes. Conformábamos un grupo y desde luego la fama que nos daban los que tenían el poder era de bandoleros, contrarrevolucionarios y personas de la peor calaña. Conmigo estaban alzados Raúl Blanco, Maximiliano, Remberto Concepción Carpio que le decíamos el "guajiro siete leguas", que ya murió y otros, pero no recuerdo sus nombres.

"Estando yo por aquella zona tuve que ir a Santa Clara a buscar unas armas destinadas a mi grupo y a realizar otras gestiones del MRR pero lo primero que hice fue ir a pelarme a casa de un hombre llamado Moya. Estaba barbudo y tenía el pelo muy largo y eso llamaba la atención y yo necesitaba pasar lo más discreto posible, sin embargo ya parece que me habían delatado y apenas llevaba un tiempo en el lugar me apresaron. El pobre Moya que ni sabía nada de lo mío ni estaba involucrado con nosotros cayó preso después y cumplió años de prisión injustamente.

"Era el 1 de noviembre de 1961. Al día siguiente amanecí en la prisión de Topes de Collantes, no recuerdo exactamente qué tiempo pero más o menos me tuvieron el aquel lugar porque luego me trasladaron para la prisión del Condado en Trinidad.

"En la celda que me tuvieron en Topes pusieron otras personas conmigo y supongo que estaban por lo mismo que yo, pero ni hablé con ellos, en esas circunstancias el preso no establece ningún tipo de comunicación con los que están en la celda, no es porque no sea sociable sino que mantiene el mayor silencio posible para no cometer ninguna indiscreción. También cuando yo caí preso di otro nombre y me mantuve diciendo ese nombre por mucho tiempo.

"De allí me llevaron preso junto a un señor de Siguanea para la carretera de Camajuaní donde está el G-2 en Santa Clara, ellos querían saber todo lo relacionado con mis acciones, quiénes me ayudaban, quiénes estaban conmigo, en fin de todo, pero no pudieron saber nada, tampoco los otros de mi grupo que cayeron en esa fecha hablaron nada. No recuerdo qué tiempo estuve en Santa Clara en ese proceso de interrogatorio y juicio. En los últimos días de diciembre me hicieron el encauzamiento, me condenaron por lo que yo supuestamente había hecho en la zona en la que estuve alzado antes de caer preso, decían que era el jefe y que era el que había tenido que ver con todo. Me condenan junto con la gente del grupo mío que tampoco habló ni dio información. Mi condena fue de 20 años de prisión.

"De mis acciones anteriores con el MRR, de los sabotajes, de la ayuda que había dado a la gente que se iba a alzar, de las veces que serví de práctico no me achacaron nada pues tal vez en esa época no habíamos sido penetrados y nadie nos delató o quizás a la propia seguridad del estado no le convenía usar esa información. En definitiva lo otro que me hubieran podido pedir era la pena de muerte por fusilamiento o veinticinco años de prisión.

"Me trasladaron en enero del 1962 al Presidio Modelo en

Isla de Pinos. Estuve hasta que cerraron el presidio de la isla en 1967 que me llevaron para la prisión de Manacas en Las Villas. Allí me mantuvieron hasta 1971 en que me recogieron, me llevaron de nuevo para el G-2 en Santa Clara y como a los dos o tres días, sin darme más explicación, me sacaron junto con otros presos para un lugar en las afueras de Santa Clara donde tenían reunidos a miles de personas, todos hombres, bajo fuertes medidas de seguridad. Sin contemplaciones ni detalles nos montaron en un tren que tenía las ventanillas muy protegidas para no poder sacar ni una mano y nos llevaron para Pinar del Río.

"En Pinar del Río, como a todos los que íbamos en el tren, nos dejaron en un nuevo sistema de prisión. A un grupo nos bajaron en López Peña. Me busqué una desgracia desde que llegué porque cuando nos bajamos un carcelero, de pronto, sin más ni más, dijo: —a partir de aquí hay que pasar corriendo— y uno del grupo llamado "Quin" Castellanos le dijo: —Yo no le corro a nadie—, ahí mismo, Quin le dio un piñazo al tipo y caímos todos en una revuelta, fíjate que nos echaron hasta los perros.

"Estuve en López Peña hasta el año 1979. Nunca regresé a Manicaragua, no quedó nadie allegado de mi familia, sólo primos y a ellos no les interesaba que yo regresara, ya mis padres y hermanos no vivían allí por tanto no había razón para intentar establecerme por aquellos lugares.

"Salí de Cuba en 1979 y me establecí en Miami. Nunca más he vuelto a ver el lugar donde nací".

> *El frío del bosque posa en mi mejilla sus dedos,*
> *Y aúlla el viento más allá de las fuentes.*
> *Estoy llorando.*
> *El cielo se retuerce en turbonada.*
> *Sigo marchando*
> *La cabeza gacha, sin volverme.*

*La saeta cruza de la espalda al pecho,*
*Pero se disimula la sangre.*
*Dios está resonando en bronces bajo mi oído.*
                    *Jorge Vals.*

*Durante las conversaciones con Paco Talavera siempre habló de su*
*amigo Jorge Vals y de sus poesías, por eso, en una excepción con los*
*entrevistados se agrega en su testimonio un fragmento de un poema*
*de Jorge Vals, también preso político cubano.*

"De los abusos y horrores del Plan Escambray te pueden hablar muchas familias que sufrieron aquello porque como yo en 1960 me tuve que ir de la zona y andar clandestino y después caí preso en 1961, no fui testigo de casos de abusos a las familias pero después sí conocí en la prisión y en los pueblos cautivos personas que fueron víctimas de esas barbaridades. También mi familia me las contó porque las pudo presenciar y por ellos supe lo relacionado con la muerte de Porfirio Guillén Amador y sus compañeros de lucha. Yo los conocí a casi todos, a los hermanos Soterito, al niño Dévorah, a Bernabé, eran de La Moza, muy buenos amigos míos, igual René que fue mi amigo y compañero de escuela.

"Todo el mundo en el pueblo cuenta que cuando los mataron recogieron los cuerpos masacrados en un camión de volteo que los llevó desde la finca Sabanas del Moro hasta el parque de Manicaragua donde tiraron los cadáveres para que el pueblo los viera. Mi propio hermano pudo presenciar cómo algunas personas del pueblo se tomaron el derecho a patear el cuerpo de varios de los muertos, escupirlos y vejarlos. Otros que estaban allí vieron a una señora llamada la negra Esperanza que le dio con el zapato una patada al hermano de Bernabé, muerto y rematado en el combate por las tropas del Caballo de Mayaguara, y cómo un señor llamado "Ñico" Delgado le picó la garganta al Niño Dévorah con una bayoneta después de

91

muerto y rematado.

"De ahí recogieron los cadáveres y se los llevaron pero nadie supo donde los enterraron. Al pasar del tiempo y cuando las familias investigaban era que les decían a los familiares el lugar de sepultura.

"El Plan Escambray representado por Félix Torres y sus seguidores tuvo distintas modalidades pero la esencia fue la misma. Llegaban a las casas de los campesinos a la hora que fuera, los montaban en un camión, los hombres para Sandino y las mujeres para donde ellos dispusieran. Con la ropa que llevaban puestas los sacaban de la casa. Cada familia sufrió algo distinto pero en sentido general fueron comunes los sufrimientos por las separaciones de los matrimonios, de los padres y los hijos. El mismo plan las separó, los llevaron para distintos lugares y pasaron años para que se pudieran reunir. Fueron historias tristes, de dolor. Mis padres, mis hermanos y

José Fernández Vera y Enrique Ruano, colaboradores de guerrillas en el Escambray y Francisco (Paco) Talavera, sobreviviente de la guerrilla que dirigió Diosdado Mesa

yo nunca nos volvimos a reunir, nunca más nos sentamos en una mesa a comer todos juntos.

"Cuando a Cuba llegó la llamada revolución en 1959 yo estaba haciendo el bachillerato en el Instituto de Segunda Enseñanza de Santa Clara. Yo siempre estudié porque quería matricular Ingeniería Eléctrica. No era un campesino confundido, analfabeto o bruto, sabía bien lo que estaba pasando en Cuba y lo que se avecinaba, por eso conspiré e hice acciones contra la tiranía y por no doblegarme ni sumarme al ideal comunista me llevaron a prisión, a los pueblos cautivos y al exilio.

"No era ningún guajiro bruto como dijeron en Cuba de los que se alzaron. Los que me embrutecieron en la prisión fueron los secuaces y los comunistas cuando me decretaron, a los 20 años de edad, 20 años de prisión".

# ~16~

Enrique Ruano Gutiérrez.
Estaba involucrado con todo el asunto de llevar gente a alzarse al Escambray y de mandarles o hacerles llegar por vías seguras avituallamiento y lo que dispusiera mi organización.

"Yo vivía en Santa Clara pero como estaba involucrado con todo el asunto de llevar gente a alzarse al Escambray y de mandarles o hacerles llegar por vías seguras avituallamiento, pude enterarme de manera directa de muchas barbaridades y atrocidades hechas por Félix Torres en todo el Escambray. Era el tipo más asqueroso y repulsivo que pueda conocer una persona. Era un hombre bastante mayor y se pasaba el tiempo atrás de las muchachitas, un sádico y un sucio que tenía amantes por dondequiera y que se creía el dueño del mundo.

"Recuerdo que un amigo mío de Manicaragua tenía un auto Buick 56 muy lindo que en aquel tiempo era una joya pero además él lo cuidaba con esmero, no dejaba que nadie le tirara una puerta ni se lo maltratara. De ese carro se enamoró Félix Torres y cuando ese tipo se antojaba de algo hacía lo que estuviera a su alcance para obtenerlo, primero trataba de comprarlo mediante marañas que parecían legales pero si no lo vendías lo perdías, entonces yo le advertí a mi amigo: —mejor vende ese carro porque de todas formas él se va a valer de lo que sea para quitártelo. Lo hizo y cuando Félix se enteró de que mi amigo lo había vendido lo llamó y le dijo: —tú sabías que a mi el carro me gustaba porqué no me lo vendiste a mí, ahora te atienes a las consecuencias. Abusaba de su cargo en todo el Escambray.

"Yo era miembro del Ejército de Liberación Nacional del

Escambray. Mi organización tenía muchas responsabilidades que enfrentar. En toda la ciudad y en el Escambray le hacíamos la contra a la tiranía castrista pero a la vez teníamos relaciones con alzados. Nuestro propósito era llevarles a los distintos puntos de la provincia de Las Villas donde hubiera alzados, avituallamiento, medicinas comidas, ropas, dinero, lo que hiciera falta.

"Nunca fui del ejército rebelde, hice pequeñas actividades contra Batista pero no fueron más allá de poner propagandas en las paredes, repartir bonos, pero cuando llegó el ejército rebelde mi papá, que se llamaba Zoilo Ruano Gutiérrez y era amigo de Sinecio Walsh, me sacó de aquello y me dijo: —no te metas en nada, vamos a ver qué pasa y cómo pinta esto.

"Pero yo veía como él se reunía con aquella gente que en su mayoría había sido del ejército rebelde y yo decía: —qué raro está esto.

"A mi padre lo llevaron preso varias veces y le acusaban de que andaba en asuntos de conspiración pero también yo me preguntaba, y por qué lo llevan preso si él se está reuniendo tanto con esa gente que pertenece al ejército y mucho más el caso de Sinecio que para colmo tuvo grados entre los rebeldes y era uno de los mejores amigos de mi papá.

"El asunto era que ya dentro de las propias filas del ejército la gente había empezado a conspirar y a preparar un alzamiento.

"Un buen día mi padre me dijo: —yo creo que vamos a tener que seguir la lucha.

"En los primeros meses del 1960 mi padre me dice: —tenemos que conseguir balas y armas porque hemos hablado varios amigos y decidimos que hay que hacer algo. Vamos a comprar medicinas y comidas. Tenemos que reunir sardinas, carnes, alimentos enlatados, todo lo que sirva para un caso de alzamiento". Yo realmente no entendía mucho pero le hacía caso a mi papá en todo lo que dijera.

"Me vi enrolado en la cuestión de la conspiración. Vino el

problema de que fusilaron a Sinecio Walsh, Plinio Prieto, Porfirio Ramírez, Ángel Rodríguez y José Palomino, incluso algunos de ellos habían sido oficiales del ejército y se pudo ver claramente que todo andaba mal. Santa Clara se puso caliente en esos días del fusilamiento, por radio no decían nada pero en la calle se comentaba y la gente se pasaba las noticias, ya después que los fusilaban era que por radio se decía -*fusilamos*- pero en esos días del juicio en Santa Clara hubo golpizas, y revueltas públicas por todas partes.

"Porfirio Ramírez era querido en toda Santa Clara y la gente vio la falta de respeto a la moral, a la ética y no aceptaban que lo juzgaran ni que lo fueran a condenar. La policía y el ejército dieron golpes en el pueblo a todo el que estuvo en contra. Por otro lado estaba también el caso de Sinecio que tenía muchos amigos y también lo fusilaron.

"Ya nosotros no cabíamos del disgusto, por eso seguimos la lucha y por vivir cerca del Escambray nos correspondió el asunto de ayudar a los que estaban alzados. Era una cadena de ayuda silenciosa, recogíamos comida, en las farmacias medicinas, con la gente amiga, ropas y dinero, y creamos una red para enviarlas para la sierra.

"A los campesinos y residentes de los pueblecitos cercanos a las montañas les mandábamos todo para que después los prácticos y conocedores de la región los subieran hasta las lomas y las entregaran a los alzados. Esos campesinos de confianza cargaban armas, balas, medicinas ropas, zapatos y también llevaban informaciones.

"Yo estaba entrenado para ayudar. Habíamos bajado a un alzado de nombre Pío que había sido herido en combate, lo llevaron a Santa Clara, lo curaron, lo dejaron que se restableciera en casa de un amigo mío que aún está en Cuba y del que no puedo decir el nombre. Si importante era tener hombres en las montañas, importante era que en los pueblos hubiera gente fiable y casas de seguridad para esconder al que lo necesitara.

"Habían caído en combates Osvaldo Ramírez y Tomasito San Gil, ambos habían sido jefes del Escambray. En ese momento estaba de jefe de todo el Escambray Julio Emilio Carretero que tenía en sus manos la tarea de organizar y buscar la coordinación de todos los alzados. Por esa etapa Roberto Rivero con el cargo de Coordinador Nacional bajó con la misión de unificar el Escambray y crear un grupo para el sostén de todos los alzados. La responsabilidad directa nuestra era abastecer a Carretero, Tartabul y a Realito.

"En enero del 1963 fui a Sabanas del Moro, allí estaban que recuerde Porfirio Guillén Amador, Gilberto Rodríguez Ramírez, El Niño Dévorah, René Sánchez, Sotero, Bernabé y José Ramón Crespo, muy amigo mío, ambos residíamos en la misma cuadra en Santa Clara. Yo tenía la foto de todos ellos para identificarlos cuando fuera a contactarles. El grupo nuestro tenía identificado a cada uno para la constancia de que estaban ahí y en el caso de los no conocidos poder verificar quiénes eran.

"Dos días antes del combate en Sabanas del Moro, en el que cayeron Porfirio Guillén y los hombres de su grupo, estuve en la zona donde estaban alzados. Mi misión era coordinar con ellos para que en los días siguientes recibieran un hombre de Santa Clara llamado Alfredo Luque que se quería alzar. Luque conocía al Niño Dévorah y quiso ir para el grupo donde estaba "El Niño". Me dijo que tenía experiencia militar y que prefería estar en las montañas, que no le gustaba la labor de la lucha clandestina y la de andar llevando mensajes y gente a alzarse. Le expliqué que para alzarse tenía que esperar que le aceptaran en la tropa y tener un arma.

"Después de esa charla contacté con el grupo de Porfirio para plantearle la situación, porque en aquellos momentos no se recibía a nadie que no estuviera 'quemado' en la ciudad. Traté de convencer a Luque de que esperara, pero no quiso.

"En definitiva se le resolvió lo del arma de Luque y el 2 de enero Roberto Rivero y yo fuimos a entrevistarnos con Juan Dévorah, Porfirio, Israel Pacheco (sobrino del Congo Pacheco) y los demás para coordinar la incorporación de Luque a la guerrilla.

"Antes de llegar a Manicaragua, por un lugar que le dicen La Paloma, se entraba a la finca de Sabanas del Moro. Nos bajamos allí pero cuando fuimos a entrar en la finca vimos muchos milicianos por los alrededores. No obstante llegamos a una punta de caña y contactamos con el grupo. Le planteamos lo del hombre que estaba quemado en Santa Clara y nos dijeron que teníamos que llevarlo por el mediodía. Regresé para Santa Clara y le dije a Luque que estuviera en un lugar determinado que otra persona se encargaría de llevarlo para La Paloma que era por donde se debía entrar hacia donde estaba la guerrilla. Según supe se alzó y dos días después las tropas del caballo de "Mayaguara" que andaban acechando la zona atacaron y exterminaron a la guerrilla. Muchos afirman que había siete mil milicianos en el área. Prácticamente fue una masacre lo que hicieron al amanecer del 4 de enero.

"Me enteré en Santa Clara de lo que había sucedido. Una vecina mía comentaba en la calle lo de los muertos, me dijo que en Manicaragua habían matado muchos hombres y que todo estaba lleno de milicianos. Yo fui para la piquera de autos con la idea de ir hacia Manicaragua a enterarme bien de los detalles pero un conocido me dijo bajito: —Vete de aquí, todos los que tú ves disimulando y leyendo periódicos son policías, sigue, camina y aléjate que esto está malo, están todos muertos.

"Me fui para averiguar si alguien sabía dónde estaba Roberto Rivero pero nadie me dio razones y pensé que Roberto había caído en el tiroteo. Por la noche fui a su casa y lo encontré, recuerdo que me dijo: —Enrique, allí no quedó nadie.

"Según supimos por Israel que pudo escapar de aquel incidente, al primero que hirieron fue a Porfirio Guillén, después al "Niño", los demás lo fueron a rescatar y volvieron a herir al "Niño", trataron de retirarse y no pudieron, no había donde esconderse, no había defensa.

"El Negro "Bernabé" tenía una ametralladora calibre 30 pero se le encasquilló y no pudo tirar con ella. Los masacraron. Israel pudo escaparse milagrosamente de aquello y esconderse en La Lima, de ahí la gente de nuestro grupo de apoyo lo sacó y lo llevaron hasta La Habana. Algunos de estos hombres y mujeres que ayudaron en eso están en Cuba y como nunca cayeron presos hay que protegerlos con el silencio. Israel estuvo por un tiempo escondido en La Habana y después debido a una delación lo apresaron y fusilaron.

**Audiencia de Santa Clara**

"El 21 mayo de 1963 fui arrestado en Santa Cara, pocos meses después del incidente de Porfirio Guillén.

"De nuestro grupo un individuo de nombre Domingo Díaz había ido a La Habana a contactos del grupo. Supuestamente

99

este personaje fue arrestado y nos delató. Después de estos acontecimientos averiguamos y llegamos a la conclusión de que llevaba tiempo trabajando para el G-2 y que era él quien nos había delatado.

"Nos hicieron un juicio y nos condenaron a prisión a mi papá y a mí. Eso fue en la Audiencia de Santa Clara, la causa 152, nos pedían 30 y nos echaron 20 años a él y 12 a mí. Poco tiempo después fuimos trasladados para la prisión de Isla de Pinos, el Presidio Modelo. Años más tarde nos enviaron para los campamentos 1, 2 y 3 de Sandino, que eran tres de las prisiones que había en la provincia de Pinar del Río por aquella época. En esas prisiones ubicaron muchos presos políticos, en particular de la región central.

"Déjame aclararte algo, un lugar era las prisiones donde estábamos y otro lugar era cuidad Sandino, que también era una prisión pero en ese caso de los campesinos reconcentrados del Escambray.

"Allí a mi padre y a mí nos citaron parar que fuéramos a pintar casas y arreglar muebles de lo que sería la ciudad Sandino y nos negamos, el capitán me dijo: —si tú no sales mañana te voy a sacar a patadas a como sea. Al día siguiente salí, me incorporé a la brigada de trabajo que me asignaron y le dije: —esto lo hago obligado por ustedes, yo trabajo obligado, yo no trabajo voluntario.

"Luego nos trasladaron para la cárcel de Ariza en Cienfuegos y después a la cárcel de Manacas. De esta última me soltaron el 17 septiembre del 1970. Residí en Santa Clara unos años y salí de Cuba vía Mariel. A pesar de que todos mis documentos estaban en la embajada vine por el Mariel, salí por esa vía para Miami, donde he dedicado cada minuto de mi vida a la causa de la libertad y la democracia en Cuba".

# ~17~

**Moraima Caballero.**
**El comunismo quiso destruir a los hombres y mujeres**
**del Escambray en todos los sentidos pero no pudo porque**
**ni perdimos la fe en Dios, ni destruyó el amor**
**y la unión de mi familia.**

Natural del poblado de Sancti Spíritus. Muy joven se casó y se fue a vivir a una finca en el campo en una zona cercana a la carretera que une a Sancti Spíritus con Trinidad. Era una finca próspera, propiedad de la familia del esposo.

En 1960 su esposo, el suegro y cuñados que vivían en la finca de la familia comenzaron a ayudar a los hombres que estaban alzados en las montañas contra el régimen tiránico recién instaurado.

Les enviaban comida y otros avituallamientos, en particular a Osvaldo Ramírez y su guerrilla. Estos no llegaban hasta la casa pero recogían los pertrechos en puntos determinados previamente, así evitaban ser vistos o caer en alguna emboscada de la milicia.

Las mujeres de la familia no estaban enteradas de los detalles porque nunca los hombres les daban información para evitar futuras represalias del régimen pero sí ayudaban con la preparación de las comidas y los envíos que se hacían desde la finca a los alzados.

De esa etapa Moraima cuenta:

"Un 13 de octubre de 1963 llegaron y citaron a los hombres de mi familia para que se presentaran en Sancti Spíritus, según los que citaron 'era para tomarles una declaración'. Las mujeres nos quedamos en la casa que además rodearon los milicianos para mantenerla en constante cerco y vigilancia. Yo estaba embarazada de cinco meses de mi hija Magali y además tenía otra niña de tres años que se llama Gladis.

"Como pasó el tiempo y no regresaban ni teníamos noticias de ellos, ni sabíamos qué podría estar pasando, decidí ir a Sancti Spíritus a indagar por mi esposo y por los demás. Fui a ensillar un caballo para llegar hasta el pueblo e inmediatamente un guardia de aquellos se ofreció para ir conmigo, ensilló otro caballo para acompañarme y yo me negué, le dije que iba sola y regresaba sola, así lo hice, pero de todas formas él fue tras de mi, vigilándome.

**Moraima Caballero**

"Me enteré que los habían llevado para la cárcel del Condado, cerquita de Trinidad y entonces preparé y les llevé una jaba con lo indispensable para aseo y ropas para cambiarse. En aquel lugar me atendieron, recogieron la jaba, pero nunca se la entregaron. Tampoco me dieron explicaciones. A ellos en

Condado los torturaron sicológicamente. A mi suegro lo desnudaban y le daban una muñeca para que la cargara y se paseara con ella delante de todos, a mi suegro un hombre mayor de mucha vergüenza verse obligado por los guardias a hacer tal acto lo afectó muchísimo, eso fue horrible, humillante, vergonzoso. Me enteré de todo esto que te cuento mucho tiempo después cuando pudimos reunirnos mi esposo, mis hijas y yo.

"Pasaron días y días, nosotras seguíamos en aquel estado de control y vigilancia, los milicianos ni se movían de los alrededores y el día 11 ó 12 de noviembre, no recuerdo exactamente, vino hasta la casa un carro de milicianos y el que parecía jefe les habló a los demás que estaban allí y aunque no pude escucharlo todo sí oí cuando dijo: —estas mujeres tienen que ir a coger la guagua que viene a buscarlas, a las buenas o a las malas.

"Dejé mi casa con todo, juegos de muebles, ropas, utensilios de cocina, animales, vacas, cerdos, gallinas, una casa de ordeño en la que además hacíamos quesos, un pilón de maíz repleto debido a las abundantes cosechas que se recogían en la finca, una arboleda frondosa llena de todo tipo de frutas, en fin, una finca envidiable. No supe qué fue de aquello. Nunca más me permitieron volver a aquel lugar.

"Todo quedó en manos del gobierno. Estaba en marcha el famoso Plan Escambray que consistió en eso, en robarles descaradamente a los hombres y mujeres de bien hasta la sonrisa, convertirlos en cautivos y reducirlos a un estado de pobreza absoluta.

"Nosotras no entendíamos qué era lo que nos iba a pasar, yo, embarazada y con la niña chiquita apenas atiné a coger unas ropitas para ella por si no nos regresaban en el día. En medio de aquel desconcierto tampoco sabíamos qué nos esperaba en el futuro.

"Nos montaron en la guagua y cada rato hacían una parada

y montaban gente, yo veía que aquello no terminaba, por fin llegamos a Sancti Spíritus pero parece que mi madre ya estaba enterada de lo que iba a suceder o alguien le había avisado y estaba allí esperándome, llorando la pobre, pidiéndole a los guardias que me dejaran a mí pues estaba embarazada y con la niña, pero nada, siguieron con nosotros para La Habana para un reparto llamado Miramar, un lugar que había sido de residencias de personas que tenían un buen nivel de vida en Cuba y abandonaron el país cuando llegó el comunismo.

"Eran casas de lujos y estaban en un barrio que había sido 'selecto' pero desde luego nosotras no éramos turistas, todo cercado, custodiado y con régimen penitenciario de permisos pedidos y pases para salir o para recibir vistas.

"Desde que entramos allí pasamos a un régimen de prisión. No estoy segura pero creo que éramos como trece o catorce familias en total. A mi suegra, mi cuñada, la niña y yo nos reunieron en la misma casa con otras personas más que incluso yo no conocía, aunque la casa por fuera era de lujo, dentro el sistema era de albergues, la comida la cocinaban en otro lugar, la llevaban allí y la repartían.

"Como ya te conté sólo llevé lo indispensable de ropa para la niña pero el resto de las mujeres no llevaron nada. Mi hija Gladis no comía casi y yo como tenía en mi casa condiciones la alimentaba muy bien buscando siempre cocinarle lo que a ella le gustara, pero en aquel lugar la comida era la misma para todos y desde luego pésima. Yo veía lo delgadita que se ponía, por mi parte, embarazada, sin una ropita para cuando tuviera el bebé, ni un paño para arroparlo, en fin, nada.

"Mientras tanto mi mamá en Sancti Spíritus comenzó a hacer todo tipo de gestiones para sacarme de allí y llevarme para la casa de ella, pero no lo permitieron. Por esa fecha no teníamos idea de dónde estaba mi esposo, ni mi suegro, y mucho menos sabía él cual había sido mi destino.

"En enero de 1964 le dije a Omara, la responsable de

nosotras en la prisión de Miramar: —creo que estoy de parto, apúrate y búscame un carro—. Me fui para la enfermería porque de allí no podíamos salir si no era con un permiso, empezaron las demoras con el carro de ambulancia y por fin llegó, pero di a luz en la ambulancia, me llevaron al hospital, me tiraron en una cama, sin un pañal, sin una ropita, solita allí.

"Las demás mujeres del albergue empezaron a presionar a la jefa para que buscara algo con qué vestir a la recién nacida y entre todas buscaron y me mandaron lo que pudieron porque ellas tampoco podían salir de allí. Mi otra niña se quedó sola en el albergue de Miramar, gritando sin mí, entonces al día siguiente le pedí al doctor que me diera el alta porque me preocupaba mi otra hijita. Como la recién nacida estaba saludable y sin problemas convencí al doctor. Tuve que salir del materno con la misma ropa que fui a parir, sin dinero, sin nada más. Busqué un taxi que me llevó al albergue donde pedí dinero para pagar el viaje. Después mi mamá me mandó ropitas y otras cosas que pudo conseguirme y más o menos fui remediándome.

"Ya por esa fecha supe que a mi esposo y todos los hombres que habían caído presos los tenían en una prisión en Sandino, provincia de Pinar del Río. Los tuvieron vestidos de presos, en albergues de presos todo el tiempo que estuvieron en ese lugar. Desde el Condado los trasladaron sin ropas, sin nada más, sin el conocimiento de sus familias, sin una explicación. Tanto ellos como nosotros nos convertimos en una propiedad privada del comunismo. Fuimos los seres humanos que el famoso Plan Escambray convirtió en esclavos modernos.

"La recién nacida era muy sana pero a los tres meses empezó con fiebres. Llamé a una amistad que vivía en La Habana y le pregunté que si tenía alguien médico de confianza que pudiera ir allí donde estábamos para que sin que nadie notara que era médico me la observara. Así hicimos, él se puso ropa civil y metió los equipos de médico en una jaba cualquiera y fue como un visitante más. Me atendió la niña y vio que tenía un poco de bronquitis, la niña hizo alergia a la penicilina y no le pudo poner una, no teníamos más medicamentos, esa noche no dormí velándola y al día siguiente le dije a Omara la jefa de nosotras 'veo la niña muy mal'. La llevaron al médico y me dijeron 'hay que ingresarla y desde luego yo no podía estar en el hospital porque en esa época eso era prohibido, tuve que dejarla allí y regresar al albergue pero cuando fui por la mañana del día siguiente no aparecía mi niña, nadie sabía donde estaba ni me podían explicar dónde la tenían, luego de muchas averiguaciones supe que la pasaron para otro hospital y el doctor que me vio no me dio esperanzas de vida para la niña, me la trajeron en un estado que daba lástima, me dejaron con ella allí y así poco a poco con cuidados esmerados la fui salvando y como a los 15 días le dieron el alta.

"Como ya sabía donde estaba mi esposo me escapé de Miramar con las dos niñas y se las llevé al padre para que las viera, claro, cuando llegué al campamento en Sandino ya la policía sabía que iba para allá y me estaban esperando. Llamaron a La Habana y dijeron que yo estaba allí, me reuní dos horas con él y luego regresé donde recibí el correspondiente regaño.

"En agosto del 64 nos dijeron que en Sandino estaban haciendo 300 casitas para que en el futuro nos fuéramos para allá. Las autoridades iban a seleccionar a los que pudieran radicarse en ese lugar. Aquel pueblecito quedaba pegado a la costa, distante de donde yo vivía en Sancti Spíritus. Desde luego en la primera selección ni a mi suegra ni a mi cuñada le dieron casas.

"La casa que nos asignaron era en un edificio y los muebles, rústicos, de mala calidad, una litera en un cuarto y una cama en el otro, una mesa y cuatro sillas, dos o tres platos, un fogoncito y unos calderos.

"A todos los hombres de esa recogida no les hicieron juicios, ni los acusaron de nada, directo como te dije, a Sandino.

La finca de nosotros tenía mucho café, mucho arroz, todas las cosechas, la tierra, la casa con todo lo de adentro pasó a ser propiedad del gobierno por obra y gracia del Plan Escambray.

"Mis tres hermanos que eran del mismo pueblo de Sancti Spíritus también cayeron presos, se llaman Ovidio Caballero (le echaron 10 años), a Orlando (12 años) y a Orestes (9 años). También te puedo decir que eso lo supe después porque en la época en que mis hermanos cayeron presos, ya yo estaba cautiva en Miramar y mi esposo cautivo en Sandino.

"Mis hermanos tuvieron relaciones de ayuda y colaboración con Tomás San Gil, Julio Emilio Carretero y Osvaldo Ramírez. Realmente yo no sabía mucho porque los hombres no nos daban detalles para protegernos, ellos decían 'mejor no estés al tanto para evitar que tomen represalias'. Yo me enteré de eso muchos años después, pero para los detalles tendrías que hablar con ellos. Los hombres nos protegieron sin embargo, el final nos hicieron cautivos a todos, mujeres y hombres, nos reconcentraron y un poco más, un poco menos, fuimos torturados y vejados por igual.

"Cuando decidimos irnos del país no teníamos ni carta de libertad, ni sanción, ni sentencia, ni nada que nos permitiera demostrar que éramos presos políticos. Tuvimos que demostrar que éramos cautivos pero para eso primero la embajada americana inició una investigación y ya cuando estuvo todo listo nos procesaron y pudimos venir como refugiados políticos a este país.

"Hay algo que quiero que sepas, en esos pueblos cautivos que obligó construir la llamada revolución mediante trabajos forzados de los propios campesinos que arrancaron del Escambray , ni se les permitió construir una iglesia. Nos impusieron una actitud atea, sin embargo mi hija y yo pusimos nuestras casas al servicio de la persona que iba hasta allí para hacer los grupos de oración así como celebrar las misas y las jornadas religiosas que comprende la iglesia católica.

"Empezamos como diez personas, después éramos veinte, se llenaba la casa, hasta los médicos de los consultorios iban. En el 2001 cuando yo me fui de Cuba ya las misas se hacían en otra casa al aire libre, se llenaba el patio, los alrededores, eran muchísimas personas. Nunca las autoridades permitieron fabricar un templo ni nada.

"Yo nunca perdí la fe. Mi hija Gladis fue bautizada en Sancti Spíritus pero como Magali nació estando yo presa, en cuanto me dieron un permiso o pase temporal para viajar a Sancti Spíritus la llevé a la Iglesia de allí y también la bauticé.

"El comunismo quiso destruir a los hombres y mujeres del Escambray en todos los sentidos pero no pudo porque ni perdimos la fe en Dios, ni destruyó el amor y la unión de mi familia. En esa batalla moral y humana, siempre fuimos superiores".

# ~18~

## José Ramón Fernández (Pepe).
## La historia del patriotismo en el Escambray la escribieron con mayúscula los campesinos y los estudiantes.

Fue juzgado en la causa 152 de 1963 en la Audiencia de Santa Clara. Como a tantos cubanos, lo acusaron de colaborar con los alzados contra la tiranía y el comunismo en Cuba. Fue amigo personal y colaborador de guerrilleros que firmaron páginas de valor y patriotismo en las montañas del Escambray. Nació en Trinidad y allí creció al calor de una familia humilde y trabajadora.

"Mi padre, el señor Filiberto Fernández Puerta, era el administrador de una finca llamada 'Hato de Aparicio' situada en el barrio de Casilda. Dicha finca se dedicaba al cultivo de la caña que luego era enviada al central Santa Isabel, de Fomento (creo que ahora tiene otro nombre, como todo en Cuba desde que Castro tomó el poder). Desde los nueve años iba con mi padre al campo para ir aprendiendo el trabajo pero nunca desatendí mi asistencia a la escuela.

"Mi padre pertenecía al Partido Liberal en Trinidad. Era un político liberal, aprendí de él en todos los órdenes de la vida y de la política. Mi madre Eladia Vera Llorente era una mujer que tenía una amplia formación cultural debido a su interés por la lectura y por la superación, ambos contribuían a mi formación cultural y a mis convicciones políticas.

"Cuando tuve la edad requerida me afilié en el Partido Liberal y en 1954 con 20 años de edad fui Concejal del propio Partido Liberal en Trinidad. En el plano personal no me gustaba la forma de gobierno que llevaba Batista puesto que no llegó al poder por vías democráticas pero sí lo apoyé y voté por él. Igual actuaron mis padres porque liberales al fin teníamos nuestras convicciones, nuestros puntos de vista y nos regíamos por los lineamientos de nuestro partido.

"Lo que sí no hice fue apoyar, colaborar o propiciar ninguna acción que tuviera que ver con el 26 de Julio, ni el ejército rebelde, ni los alzados contra Batista. Otros grupos y personas sí lo hicieron, tomaron la vía armada y decidieron sumarse a los que en las montañas del Escambray le hacían la contra al ejército nacional. Respeté la decisión que tomaron algunos amigos y conocidos míos de incorporarse al ejército rebelde y de alzarse contra Batista porque nunca fui de alma totalitaria ni tuve pensamientos intolerantes.

"Cuando esos amigos míos comprendieron que habían sido traicionados y engañados y decidieron coger las armas de nuevo y empuñarlas contra Fidel Castro entonces sí les apoyé incondicionalmente.

**Cárcel de Santa Clara**

"En el mismo año 1958 los rebeldes y toda esa tropa que estaba alzada bajaron a los poblados a tomar los puestos militares y los cuarteles. Batista se fue del país y dejó el campo mucho más libre y abierto para que los que le hicieron la contra tomaran el poder. Realmente esa gente que estaba en las montañas sostuvo algunas escaramuzas con el ejército nacional pero te puedo asegurar que en esa etapa por la zona donde yo vivía no hubo ni diez muertos en esas refriegas.

"En los primeros meses de 1959 el poder en Trinidad, como en toda Cuba, estaba en manos de los nuevos jefes. Se impuso el desorden, la falta de respeto. El rechazo a todo lo que constituyera la decencia y la moral fue lo que más prevaleció.

"Todo cambió de repente y los que teníamos alma democrática e ideales correctos empezamos a sospechar que no venían tiempos buenos ni saludables para el país y que habíamos salido de una época de tirantez para entrar en otra de tiranía. También hubo descontento entre muchos porque enseguida vieron que aquello tomó rumbos comunistas. Los mismos que habían sido del ejército rebelde y que lucharon por imponer orden y democracia en el país comprendieron que un aire de traición y de mentiras se imponía. Empezaron las manifestaciones de desacuerdo. Se inició un proceso de conspiración para sacar a Castro del poder por la vía que fuera necesaria.

"Varios hombres como Tony Varona, José Miró Cardona, Aureliano Sánchez Arango, Carlos Hevia, los que más recuerdo, decidieron salir del país para buscar apoyo, ayuda y avituallamiento de armas y todo lo necesario para alzarse contra Castro.

"Se planearon los alzamientos y ya en 1960 empezó a caminar la conspiración. Se organizó y fundó el Frente Nacional de Liberación Escambray. Esa fue la primera etapa que tuvo ayuda del exterior. Yo estaba implicado de lleno en la conspiración y hubo un acontecimiento que tuvo que ver con la llegada de Félix Torres y sus secuaces a implantar el Plan Escambray que me propició colaborar mucho más porque la finca donde papá y yo trabajábamos, así como la tiendecita que teníamos fueron 'intervenidas'.

"Así le llamaban al proceso de quitarle todo al que tuviera propiedades por la zona. Me quedé sin trabajo y tomé la determinación de incorporarme a trabajar en Obras Públicas como tantos hombres del territorio que no quisimos mezclarnos en nada que tuviera que ver con apoyar aquel desorden comunista.

"Lo más propio era manejar equipos pesados u otros carros y además eso también nos daba la posibilidad de movernos hasta otras regiones sin levantar sospechas. Mi tarea fundamental era llevarles mensajes a los alzados, comida, dinero, instrucciones e incluso encaminar hasta los puntos de contactos a los hombres que fueran a alzarse. En otras palabras me integré de lleno a todo el proceso anticomunista.

"En Trinidad había un foco importante de personas que creían en la necesidad de la lucha, del alzamiento y de la insubordinación. En el mismo mes de octubre de 1960 supimos del fusilamiento en La Campana, Manicaragua, de cinco hombres, uno de ellos, Sinecio Walsh que había sido mi amigo y al que había conocido por mis viajes a Cienfuegos y Santa Clara, por asuntos de trabajo.

"Con el fusilamiento quisieron dar un escarmiento a todos los que en el país enfrentaban la nueva tiranía, pero no fue así, nosotros seguimos en la conspiración y ayudando a los que se alzaran, les llevábamos o enviábamos armas municiones y lo que se pudiera recoger.

"En agosto de 1961 en Las Cañas, muy cerca de Trinidad, la milicia le puso una emboscada al grupo de Medardo León (hermano de Cheíto León) y caen en ese combate Rafael Toledo, Urbano Calzado y el propio Medardo producto de la delación de un hombre llamado Gascón. Esa vez le entregaron a la familia los cadáveres y el pueblo de Trinidad completo fue al velorio y al entierro de aquellos hombres que además de ser del lugar eran muy queridos y respetados por todos. Esa fue la primera y la última vez que Castro permitió que le entregaran a la familia los cadáveres de los alzados muertos o rematados en los combates, así como de los fusilados por los llamados 'tribunales revolucionarios'.

"Después de eso en todo el Escambray ha sido imposible dar fe exacta de los muertos y fusilados que hubo en aquella contienda pues al no entregarle nunca los cadáveres a la familia ni decirles dónde los sepultaron, no hay evidencias reales de que estén muertos. Atendiendo a las leyes universales de derecho todavía hoy podemos contarlos como desaparecidos en la contienda del Escambray.

"Hay algo importante que no quiero dejar pasar por alto. En aquel momento en Cuba las leyes que había para fusilar era la de los soldados del ejército que recién dejaba el poder y esa se aplicaba para los soldados del ejército que cometieran crímenes, pero como los alzados contra Castro eran civiles, campesinos, estudiantes y los propios rebeldes que habían bajado de las montañas hacía unos meses con el ejército rebelde, esa ley no se le podía aplicar.

"Fusilar arbitrariamente como había hecho hasta ese momento pasándole por arriba a toda ley le traería problemas con organizaciones de derechos humanos y Castro como asesino nato al fin, decretó la aplicación de lo que el propio régimen totalitario llamó la Ley 988, que según los términos del momento significaba 'fusilar por traidor a la patria'.

"En realidad todo era otra componenda e invento porque los alzados contra el régimen que estaba imponiendo Castro no eran traidores ni nada parecido. Los valientes cubanos de aquellos tiempos que subieron al Escambray o que se organizaron en las ciudades y caseríos para luchar lo hicieron contra el comunismo y todo lo podrido que le vendría a nuestro país, en ningún momento traicionaron a la patria, ni a nadie.

"En obras públicas manejaba un jeep, por razones propias del trabajo tenía que ir a menudo a Santa Clara, a Cienfuegos, a Sancti Spíritus y encubierto en esos menesteres era que traía mensajes, orientaciones y algunos avituallamientos que después hacíamos llegar por distintas vías a los alzados. Hubo algunos que se quemaron en aquella etapa y yo también contribuí a sacarlos del país o llevarlos hasta otros lugares donde los recogían y le facilitaban la salida.

"Recuerdo que por aquella etapa fue muy necesario sacar a Evelio Duque para que fuera al exterior y lo llevamos hasta Manicaragua y de ahí un señor al que llamábamos "El Chino" Moscoso se encargó de las demás gestiones.

"Comenzó una segunda etapa en el Escambray y sin ayuda del exterior.

"En agosto de 1961 varios guerrilleros del Escambray se reúnen para reactivar la lucha. Ya en ese momento no se esperaba que la poca ayuda que habíamos recibido del exterior se reactivara. Se acuerda que con los medios que se tengan dentro del país y con la ayuda y colaboración de todos se continúe la lucha.

"En agosto de 1961 se recalienta la lucha en el Escambray y Osvaldo Ramírez queda al frente. Surge el FURE (Frente Unido Revolucionario Escambray). Yo conocía a varios jefes de guerrillas entre ellos a Tomás San Gil que era de Sancti Spíritus, a Julio Emilio Carretero, a Osvaldo Ramírez, a Cheíto León, a Maro Borges que era del Central Trinidad, a Pedro González que era de San Pedro. Casi todos ellos eran de la zona de Trinidad o de los pueblecitos de los alrededores.

"Te puedo decir que en el Escambray hubo dos etapas, la primera que contó con varios cubanos que salieron del país a preparar las ayudas para el alzamiento y que fracasó; y la segunda etapa que fue cuando los alzados decidieron sustentarse ellos mismos con ayuda de otros cubanos que estaban dentro del país y conspiraban para hacerles llegar armas, y todo lo que hiciera falta.

"La segunda etapa la hicieron los campesinos, los estudiantes y los hombres de pueblo. La segunda etapa no contó con intelectuales, ni con estrategas militares, ni con ayuda de armas, medicinas y alimentos del exterior. Fue nuestra guerra, la de los cubanos humildes, la de los hombres de bien que no queríamos el comunismo para Cuba. En esa segunda parte yo me dediqué a colaborar con los alzados en lo que se presentara.

"En algunas ocasiones subía directamente hasta donde estaba Julio Emilio Carretero y le llevaba algún emisario si me lo pedían y bajaba alguna orientación si era necesario. En una ocasión me dijeron que llevara un hombre para que hablase personalmente con Carretero. Lo recogí en Santa Clara y lo llevé hasta el punto de encuentro.

"Cuando terminaron de hablar el propio Carretero me dijo: — 'aquí arriba no traigas a nadie más, ven tú solo y lo que haya que decirme que seas tú el portador; las cosas se están poniendo muy malas y están ocurriendo traiciones. Y así ocurrió tiempito después, producto de una traición que les hicieron a Maro Borges y a Carretero cayeron él y todos los de su grupo y fueron fusilados el 22 de junio de 1964 en La Cabaña, La Habana.

"En 1963 caí preso en Sta. Clara y allí mismo me llevaron para el G-2 que queda en la Carretera de Camajuaní. En el interrogatorio me acusaron de ayudar a los alzados, negué todo y les dije que me buscaran testigos de lo que decían y para sorpresa mía me trajeron a un careo al mismo hombre que yo había llevado un tiempo atrás a verse con Carretero, el pobre parece que el miedo lo llevó al extremo de afirmar cuando me vio que sí, que era yo. Él también fue sancionado y después como preso político se mantuvo firme, no aceptó planes de reeducación ni nada pero bueno eso fue lo que pasó y por lo que caí preso.

"En el tiempo que estuve en las celdas del G-2 trajeron unos hombres que habían hecho prisioneros en la zona de La Esperanza, en un enfrentamiento contra la milicia comunista. Los tuvieron allí para llevarlos a fusilar después y así de paso meternos miedo para que viéramos que también de un momento a otro nos podían llevar a fusilar. Como compartimos la celda por un tiempo pude conocer a José Rodríguez Peña que antes de que lo sacaran a fusilar me dijo: —Dile a mi familia que voy a morir a manos de la misma revolución que ayudé a hacer—. Recuerdo con mucha tristeza ese momento, vi delante de mí como a otro antes de que lo llevaran a fusilar dejó una de sus pertenencias para si los que quedábamos allí no resultábamos fusilados, se la hiciéramos llegar a su familia.

"Un tiempo más tarde me sacaron del lugar y me llevaron a juicio en la audiencia de Santa Clara, junto con varias personas de las cuales solo conocía a cuatro de ellos. Sin embargo la ironía está en que nos procesaron a todos con las mismas acusaciones. Con el tiempo nos hicimos amigos porque los años de prisión nos hermanaron.

"Estuve en la tenebrosa prisión de Isla de Pinos y cuando el lugar lo cerraron nos mandaron para distintas prisiones del país, primero me llevaron a Manacas pero como mi familia vivía en Trinidad hicieron los trámites de rigor que impone el régimen y me trasladaron para la prisión de Ariza, cerca de Cienfuegos donde les era un poco más fácil visitarme.

"En 1970 salí de la prisión y regresé a Trinidad donde estaba mi familia, empecé a buscar trabajo pero en Cuba para alguien que estuvo preso por 'contrarrevolucionario' es difícil. Cargaba el sello, la marca o como quiera llamársele de 'contrarrevolucionario' y 'colaborador de bandidos'.

"En el año 1970 no quedaba ningún alzado en las montañas y los que le colaboramos estábamos presos o acabábamos de salir de la prisión.

El 15 de diciembre de 1971, nos llegó a todos los hombres que de alguna manera le hicimos la contra al comunismo, una noche larga.

"Por ser del Escambray, haber estado presos, haber colaborado con los que se alzaron contra la tiranía castro-comunista, por haber vivido en aquella región y por tantas inventadas y fabricadas razones que dio el régimen nos enviaron a los Pueblos Cautivos, en Pinar del Río, muy lejos de nuestro lugar de origen, de nuestras esposas, hijos, madres y padres. De nuestros amigos. Muy lejos.

"Los que habíamos sido presos políticos fuimos citados el día 14 de diciembre de 1971 y nos encerraron. Al día siguiente nos llevaron para un lugar llamado Rancho Consuelo y allí nos reunieron con otro grupo que no estuvo preso pero que el día antes fue citado para que el 15 estuviera en ese lugar. Ni a ellos ni a nosotros nos dijeron por qué estábamos allí. Desde luego como había estado preso varios años, me conocía las mañas del comunismo, tenía la certeza de que me iban a meter en la cárcel otra vez, aunque no imaginaba qué argumento utilizarían. Cuando llegué al lugar vi que éramos muchos.

"Nos reunieron a todos en el lugar de la cita. Nos hicieron subir a unos camiones y custodiados por guardias fuertemente armados partieron los carros por la carretera de Trinidad que va para Cienfuegos. Muchos de los que iban conmigo éramos conocidos, nosotros comentábamos que seguro iríamos directo a la prisión o que algo raro nos esperaba, ya teníamos la experiencia del presidio político y de las atrocidades y violaciones que se habían cometido. Parecía que nos llevaban para Cienfuegos pero cuando los camiones llegaron a Guaos, torcieron camino rumbo a Santa Clara.

"Fue un viaje agotador, incómodo y largo y estoy seguro que si alguno de los que iban en aquellos carros hubiera intentado bajarse o escaparse se hubiera armado una persecución a tiros porque realmente esa era la intención que se veía en el rostro de aquellos guardias.

En Santa Clara nos llevaron cerca del ferrocarril por una vía situada a las afueras, un lugar que le llamaban y aún le llaman, Ochoa. Allí nos hicieron bajar de los camiones y de igual manera, custodiados por miles de guardias nos metieron en una escuela y después de insultarnos y ofendernos nos llevaron a los vagones de un tren que tenían rejas en las ventanillas y además una buena cantidad de guardias en cada vagón para vigilarnos y someternos en caso de una muestra de rebeldía hacia aquella imposición.

"Por la fuerza recogieron a miles de hombres de toda la zona del Escambray y sus alrededores que habían estado presos o habían colaborado una década atrás con los alzados contra el comunismo en la región. Nos condujeron a Pinar de Rio por la fuerza y el sometimiento, y nos ubicaron en distintas cárceles del territorio bajo un régimen de cautiverio, de vigilancia.

"Nuestras familias quedaron atrás, solas las mujeres con los niños enfrentando las penurias, las necesidades, la vigilancia, el control y las burlas de quienes las llamaban esposas de bandidos o hijos de contrarrevolucionarios. Los primeros tiempos la vigilancia fue muy fuerte, pero según pasaron los años el control fue menos directo, menos excesivo a la vista del que llegara.

"Las casas que tuvimos que fabricar los presos las fueron dando en un proceso de 'asambleas' en las cuales tú pedías una vivienda y los allí reunidos levantaban la mano para decir si estaban de acuerdo con que te la otorgaran o no. Impusieron un tipo de emulación socialista que se ha estilado mucho en Cuba para dar apariencia de democracia y pluralidad, pero que en sus resortes más internos es toda una mentira manipulada por el régimen para hacer lo que a ellos les plazca.

"Muchos campesinos que estábamos allí aceptaron esa manera de adquirir una casa para poder llevar a sus esposas e hijos con ellos, yo no se lo critiqué, ni jamás censuré a nadie, pero me sentí tan humillado con eso que nunca acepté recibir una casa. Mi esposa pasaba mucho trabajo para irme a ver. Era muy lejos, el transporte en Cuba siempre ha sido pésimo y realmente pasaba verdaderas odiseas cuando iba con los muchachos a verme.

"Cuando ya no era necesario someterse al régimen de asambleas para pedir casa fue que decidí llevarlos a ellos para allá. Yo no quería que mis hijos crecieran en un pueblo cautivo, pero la llamada 'revolución cubana y el castro-comunismo' no me dejaron otra opción, o renunciaba a tenerlos como esposa e hijos o los llevaba allí. También eso formó parte del juego diabólico que nos trazaron a los campesinos en Cuba.

"Aunque me dolió haber llevado a mis hijos a vivir como cautivos miraba a otros que fueron allí más jóvenes que yo, incluso solteros, y hubieron de casarse y tener sus hijos en cautiverio. No obstante me di siempre a la tarea de educar a mis hijos en los principios de la verdad y explicarles que en la escuela le decían mentiras, les decía que tenían que ir a la escuela pero siempre debían escuchar las verdades que en familia se contaban. Fue difícil pero no nos quedó otra opción. Cuando nos llevaron allá en 1971 nos dijeron que nunca más podríamos volver al Escambray, por tanto, la única vía posible que teníamos los cautivos era penar allí, o irnos del país.

"En 1980 ocurrió un hecho muy importante que de cualquier manera implicó a los que vivíamos en los pueblos cautivos. Se trataba de los sucesos en La Habana en 1980.

"Unos cubanos se metieron en la embajada del Perú buscando refugio para irse del país. A partir de ahí varias embajadas se vieron implicadas y se creó el llamado Mariel en el que Castro permitió que todo el que quisiera irse del país lo hiciera, pero claro, puso como condición que a las personas se les reflejara en sus antecedentes penales y en su identificación que habían sido presos comunes (término que diferenciaba en Cuba al preso común del preso por causas políticas) esta última categoría la teníamos nosotros, los habitantes de los pueblos cautivos.

"Hasta allá fueron las autoridades del gobierno, de emigración y del MININT a vendernos la idea de que nos fuéramos del país pero aceptando que nos situaran en los papeles una condición de expresos comunes. Hubo quien aceptó y dijo haberse robado una gallina en alguna granja de pollos de la región o haber cometido cualquier fechoría insignificante, a ellos, enseguida los procesaron y salieron del país por el puerto del Mariel con la condición de escorias.

"No los critiqué, cada persona asume el camino que cree o necesita. En mi caso personal jamás acepté otra condición en mis papeles que no fuera preso político cubano y así fue que no salí del país en aquella etapa. Seguido a esos acontecimientos, presenté mi documentación en la embajada americana en Cuba y aunque fue largo y lento el proceso me llegó la aprobación de la salida como preso político cubano y en 1988 emigré a tierras de libertad".

# ~19~

Voces múltiples de un Escambray que no olvida.
Son testimonios de hombres y mujeres
que no quisieron dar su nombre y apellido por temor a
represalias del régimen contra ellos o su familia.
Prefirieron el anonimato pero no el silencio.

**Rafael:** Ahora (se refiere a marzo del 2003 cuando Castro encarceló a 75 disidentes en lo que mundialmente se llamó la Causa de los 75) están pasando cosas en Cuba que me dejan otra vez pasmado. Yo soy de aquí de Manicaragua y me acuerdo bien como fue esto cuando la famosa 'Limpia del Escambray', cerca de aquí, en Veguitas, se alzó Sinecio Walsh contra Castro.

Conocí a Sinecio, aunque yo era jovencito tenía amistad y simpatías con él, porque a los dos nos gustaban mucho las peleas de gallos. Era un hombre magnífico, una persona de entereza probada, se alzó pero enseguida lo apresaron, lo que estuvo en la zona de Veguitas fue poco, allí le llegó el recado de que si se entregaban no les pasaría nada, se les perdonaría la vida y solo cumplirían unos años de prisión.

De cualquier manera no supe cómo fueron los detalles del momento en que lo apresaron ni donde los tenían pero era real que todo el mundo esperaba que no le pasara nada, sin embargo una noche por aquí por Manicaragua pasó un carro rumbo a "La Campana" y él sacó la cabeza por la ventanilla y a todo conocido que vio le gritó -"Me llevan a fusilar a La Campana, díselo a los viejos para que lo sepan". Aquí todo el mundo lo apreciaba y quería.

Ahora tú oyes como en las clases les dicen a los muchachos que la gente que se alzó en el Escambray eran bandidos y eso es mentira. Incluso te puedo contar más, una persona que participó en el fusilamiento de Sinecio me narró cómo fue todo, esa persona ahora tiene grados importantes en las FAR, pero por casualidades del destino yo estaba en un lugar donde él llegó, Conversamos de varios temas y cuando supo que yo era de Manicaragua me habló de ese incidente. Claro, cuando aquello del fusilamiento no tenía los grados que tiene ahora, me contó que a Sinecio no lo fusilaron solo, había otros más, uno llamado Plinio y otro jovencito que tenía como 22 o 23 años (se refería a Porfirio Ramírez) y otros dos hombres más pero no me dijo el nombre, los fusilaban uno a uno, me contó. Yo todavía me erizo cuando recuerdo el cuento, aquel día después de lo que me narró el militar me sentí muy mal, lo único que le dije fue que Sinecio había sido mi amigo, y me dijo: —*pese a todas las cosas se portó valiente tu amigo.*

**Sabinita:** Yo sé donde hay gente enterrada en esas montañas. Los fusilaban y enterraban por ahí en cualquier lugar. Yo te doy todos los testimonios que tú quieras pero tienes que ir conmigo a un lugar donde enterraron unos que fusilaron en esas lomas, yo sé donde los enterraron.

Yo odio salvajemente a Fidel, él es el culpable de todo, yo no firmo nada que sea con este hombre en el poder. El es muy malo, es un asesino, mi hija. Mandó a fusilar mucha gente. Yo viví mucho tiempo en Pinar del Río, ahora estoy aquí en Manicaragua, pero no me dejan subir para las lomas, he caminado dos veces para ahí arriba y enseguida han ido detrás de mí los de la Seguridad del Estado a decirme que no puedo volver a coger para allá arriba. Me han dicho que mejor vire para Pinar del Río. Mis nietos vinieron a buscarme el otro día para que vaya para allá.

Yo no sé ni qué hacer, ellos los pobrecitos nacieron allá, son cautivos de nacimiento. Yo por mí me quedara en este pueblo aunque no me dejen subir para las lomas ni de visita. Pero sí sé donde hay gente enterrada que mandaron a fusilar al principio de la revolución. Date cuenta que aquí muchos alzados están enterrados en las lomas y los familiares no saben dónde porque nunca se lo dijeron. A otros los fusilaban por allá arriba y ahí mismo los enterraban.

**Arturo:** Yo tengo muy buenas referencias del Niño Dévora, mi familia era muy amiga de la familia Dévora, eran de La Moza, a él lo mataron en el combate de Sabanas del Moro. Hay quien dice que por su culpa cogieron al grupo donde estaba del cual era jefe Porfirio Guillén, pero eso nadie lo ha podido verificar porque el cuento sale de los milicianos que participaron en esa carnicería, hasta ese punto han llegado los comunistas con la idea de 'divide y vencerás' y la de 'aplasta y desprestigia al enemigo'. Yo lo único que sé es que se apelaron a tantas bajezas para penetrar y agarrar a los 'alzados' que ahora uno no sabe a quien creerle y por eso quedan esas historias por el pueblo que dependen de la voz que la cuente y del lado que esté el que la cuente. La familia del niño Dévora era gran amiga de mi familia, aún conservamos esa relación. Todos eran decentes, gente de bien, querida y respetada en toda La Moza y Manicaragua.

**Rosa:** Una tía mía se volvió loca porque le mataron un hijo en el tiempo de la 'limpia', lo acusaron de colaborar con los alzados y lo fusilaron, era muy jovencito, casi un niño, la madre perdió el juicio en el momento que le dieron la noticia y todo el otro tiempo que vivió, hasta hace unos años, fue loca de remate. Nunca tuvo a partir de ese día un instante de lucidez. Pobrecita, mi primo era tan bueno, tan noble y lo fusilaron sin haber hecho nada. Ahora por ahí dicen en las escuelas que todos los alzados eran malos, bandoleros, eso es mentira. Aquí fusilaron gente inocente. Mi primo lo era.

**Teresita:** Vivíamos mis dos hermanas, mi mamá y mi papá, en una finca cerca de Manicaragua pero no pegado al macizo montañoso, si no para donde hoy está el embalse de agua que llaman El Negrito. A mi papá lo citaron para el Ranchón que es un cabaret y restaurante que queda a la entrada del pueblo, él intrigado fue pero con la idea de regresar enseguida a casa, no regresó ese día ni los posteriores, después cuando fuimos recomponiendo todo supimos que muchísimos conocidos nuestros habían pasado por las mismas y que los habían llevado presos a Pinar del Río. Figúrate, salieron a una citación y ni imaginaban eso, por tanto con la ropa que traían puesta y sin más nada que lo que traían en los bolsillos fueron a para a un lugar desconocido totalmente y muy lejos, ellos no sabían donde quedaba.

Luego supimos que era Pinar del Río y que lo tenían preso. En ese lugar trabajaron y vivieron en barracones en calidad de presos, no podían salir si no era con un pase, les decían que debían construir la casa para que después llevaran la familia a vivir con ellos. Mi papá siempre dijo que si él tenía que cumplir en prisión cumplía pero que a su mujer e hijas no las llevaba a la prisión, y así fue, yo era una niña cuando se fue, cuando regresó el 'Isleño Gollo', como todos le decían, ya me había casado y estaba al dar a luz mi primer hijo. Estoicamente cumplió.

Algunos tíos y parientes ayudaron a mi mamá pero deberás imaginar que la parte dura la enfrentamos nosotras, mi hermana mayor era el hombre de la casa y cuando fabricamos una casita en el mismo Manicaragua para no estar solas cuatro mujeres allá en el campo, ella era quien ayudaba al albañil pues no podíamos pagar un hombre más para el trabajo, mi mamá consiguió trabajo en la escogida de tabaco y así poco a poco nos fuimos remediando. Pasamos las penurias que todos en Cuba pasan y mucho más cuando son familia de 'contrarrevolucionarios'. No faltó quien dejara de visitarnos por ser las hijas de un contrarrevolucionario o preso político.

**José:** Yo era de la guerrilla de Congo Pacheco, operamos por la zona de Jibacoa cuando nos alzamos. Las guerrillas no tenían mucha gente, precisamente porque así nos podíamos desplazar sin llamar la atención. A mí me cogieron preso y me echaron 25 años, cumplí 16 consecutivos en prisión y el resto en libertad condicional, lo que quiere decir en Cuba que el G-2 entiende que te puede citar y tener preso el tiempo que les parezca, incluso llevarme otra vez tras las rejas hasta que cumpliera los 25. Fíjate que después de 16 años de cárcel me dieron la libertad condicional hasta que llegaran los 25 de la sentencia, pero en realidad seguí chequeado y controlado, yo no sé cuantas veces me citaron y detuvieron por períodos cortos, por ejemplo cada vez que había celebraciones del 26 de julio me encerraban. Si venía para esta zona un personaje importante me encerraban, ya estaba tan acostumbrado que ni me asombraba cuando me venían a buscar.

Lo más gracioso era que yo ni sabía qué era lo que se iba a celebrar o que 'peje gordo' venía, pero de todas formas me llevaban. Esos son las maneras de operar del G-2 con los que dejan en 'libertad condicional'.

Los primeros años de prisión que pasé fueron en la cárcel de Isla de Pinos, allí tenían a Húber Matos, pero si te digo que lo vi te miento, yo oía los cuentos de donde estaba y todo, pero no lo vi personalmente.

El hecho más terrible que recuerdo de aquella prisión, y mira que hubo muchos, fue cuando por orden del Comandante dinamitaron la prisión completa con nosotros adentro y nos decían que si atacaban a Cuba nosotros volaríamos al instante pues era nada más que encender las mechas. Mira hija eso no tiene comparación, llevaron a algunos para que vieran los lugares donde tenían puestas las cargas de dinamita. Como para que nadie fuera a dudar.

Allí en Isla de Pinos corrió mucha sangre producto de las golpizas que se asestaban, una vez fue tanto el golpe que la sangre corrió por el piso, todo el mundo cogió golpes en aquella ocasión. A nosotros allí nos trataban como a perros. Del hambre que pasamos no te puedo ni hablar, de las visitas que recibíamos lo mismo. Cuando me llevaron preso yo no había formado familia ni tenía hijos, era muy joven. Cuando volví no tenía casa donde vivir, ni familia esperándome.

Yo estoy parando en Guayabal, cerquita de Jibacoa, en casa de unos conocidos. Ya estamos en el 2002 y si te cuento que no tengo ni la famosa libreta de racionamiento que tienen aquí todos los cubanos, ¿qué te parece? Gracias que esos conocidos me dejan dormir en una casita que tienen. Yo los tengo como mi familia.

De aquellos que caímos presos, porque a Congo lo fisilaron, quedamos tres, uno vive en Veguitas cerca de Jibacoa, está muy enfermo, casi de muerte, ahí lo tienen unos hijos, el otro vive por Camagüey y no he sabido nunca más de él. Hace dos años fui a la Oficina de Intereses de Estados Unidos para salir del país con esa visa que le dan a los que fuimos presos políticos y mire usted parece que yo no contesté las cosas con claridad o que ese hombre no sabía bien lo que fue el 'bandidismo en el Escambray' pero lo cierto fue que no me aprobaron. Yo ni averigüé, por lo que veo lo mío en este país dejó de tener arreglo hace muchos años.

**Juan:** Aquí se ven cada fenómenos. Cuando la 'banda' como le dicen ahora de Porfirio Guillén, fue liquidada allí en Sabanas del Moro, trajeron los cadáveres para aquí para donde yo vivo, todos llenos de sangre, los mataron en el tiroteo pero después les hicieron el remate para no dejar dudas de que estaban muertos, los tiraron ahí en el piso y todo el mundo los vio, algunos prácticamente irreconocibles. Yo no quiero recordar. Hubo una hermana de un muerto que se acercó al cadáver del hermano y lo escupió y pateó para que todos los que estaban alrededor vieran que no aprobaba que su hermano se hubiera alzado, otros no, otros familiares no actuaron así, muy dolidos por perder a sus hijos y hermanos se portaron dignamente. Te digo que en esa etapa en el Escambray se vio de todo, tiempos muy difíciles, hermanos odiándose, familias delatándose. Mira el mismo caso de los Tartabul, la madre lloró hijos muertos, uno como miliciano, otro como 'alzado o bandido'.

**Juana:** Aquí hay mucho de qué arrepentirse. No te voy a decir el nombre de la mujer porque a lo mejor a ella no le gusta pero te voy a contar lo que pasó cuando trajeron los cuerpos de los hombres de la guerrilla de Porfirio y los tiraron para que la gente los viera muertos. Uno de los hombre se llamaba Bernabé Pérez y la hermana vino, lo miró, le dio una patada al cadáver y pidió un fusil para rematarlo, uno de allí le dijo -No hace falta, ya está muerto, entonces ella se alejó y dijo: —¡Entierren a ese perro!—. Aquí los más viejos se acuerdan muy bien de ese incidente.

**Mario:** Yo vivía en el centro del macizo montañoso del Escambray, en un lugar llamado Meller. Era un lugar suma-mente intrincado. Cerca de mi casa hubo rebeldes, casquitos persiguiendo rebeldes, las avionetas de Batista pasaban, ametrallaban el lugar, nosotros corríamos a escondernos en una alcantarilla que había cerquitica de la casa. Mi papá en esa época ayudó a los alzados que cuando aquello eran rebeldes, después del triunfo de la revolución por allí se alzaron los llamados 'bandidos' pero nunca vinieron a mi casa a buscar ayuda, yo sé que si hubieran ido se les daba porque en el campo el campesino ayuda al que llegue sin estarle preguntando mucho como piensa ni con qué gobierno está. Mi papá decidió mudarse de allí lo más rápido posible, por eso fuimos a Mabujina. Creo que si no nos trasladamos rápido de allí hubiéramos terminado en Sandino o en Miraflores porque unos tíos míos por la parte de mi mamá fueron a parar a Miraflores en Camagüey, cuando reconcentraron a todos los que en el Escambray se vieron involucrados. En aquella época los campesinos tenían mucho miedo y por eso ayudaban a los alzados, a los rebeldes y a todo el que pasara.

Yo era un niño ya de unos 8 o 10 años, cuando vivía en Mabujina un caserío que queda entre Fomento y Güinía de Miranda, zona por donde operaron las guerrillas. Por el lado de mi casa que estaba en el caserío cercano a la carretera había un camino que cogía para arriba en las lomas, por allí pasaban muchas personas con distintos motivos. Y también gente de las milicias.

Una noche cerca de allí, como a las 8.00, se oyeron disparos en Loma Alta, un lugar cerquita de donde yo vivía. Al día siguiente fui al lugar con mi papá y vi en el suelo cuatro charcos de sangre y unos tabaquitos ya apagados y tirados en el lugar, todo parecía indicar que la noche antes fusilaron allí a cuatro personas y como última voluntad les dejaron fumar, pero lo que no vimos fueron los cadáveres, no supimos qué hicieron con ellos.

Solo oí los disparos, era muy chiquito y no tenía la capacidad para entender bien todo aquello. En aquel caserío la gente tenía mucho miedo a verse envuelto en algo, por las noches cerraban las casas temprano y si por el camino subían a llevar gente a fusilar o algo así, nadie quería ver nada. Recordé eso por mucho tiempo, era como una pesadilla oír aquellos gritos y voces. En el campo, aunque sea lejos, se oye muy claro como si ocurriera cerca de uno. Se oye por igual las risas, que las voces, que los disparos.

**Ramón:** En la época de la 'Limpia del Escambray' hicieron con nosotros, los campesinos, lo que les dio la gana, principalmente Fidel Castro que es el peor de todos. Miren que condenar a un hombre a 25 años por darle comida y agua a un necesitado. Yo ayudé a los rebeldes y no me arrepiento, pero la realidad fue que después los rebeldes me castigaron por ayudar a los alzados contra Fidel Castro, y en definitiva esos alzados habían sido rebeldes un tiempo atrás. ¡Qué enredo!

**Alberto:** Lo que hubo en el Escambray fue una verdadera guerra civil. Murieron muchos hombres por causas que ni ellos mismos entendían, fíjate qué cosa. Cubanos matando cubanos, unos contra otros persiguiéndose, aniquilándose. La verdad de esos tiempos todavía no se ha dicho todo. Este régimen fue muy duro con los que menos culpa tuvieron, los campesinos del Escambray, ellos fueron víctimas de muchas injusticias. Los que no pasaron por las cárceles cubanas en los primeros años de revolución ni vivieron en el Escambray, ni después fueron llevados a pueblos cautivos, no pueden entender ciertas cosas que han pasado en este país.

**Marcos:** En esas lomas hubo de todo. Todos los rebeldes que pasaron por ahí no fueron iguales, los hubo descarados y sinvergüenzas, los hubo buenos y respetuosos. Con los alzados pasó lo mismo. Allí arriba la confusión era tremenda. De la gente que vivía por esos lugares no queda nadie. En el año 1970 eso allá arriba estaba 'limpio' de lo que llamaron 'bandidos'. En 1971 se llevaron los que quedaban viviendo por allá para Pinar del Río y unos años después las familias que quedaron se unieron a ellos. La zona quedó vacía. Muchos saben porqué las dejaron vacías y aunque el gobierno dijo que era para evitar confrontaciones entre campesinos que eran revolucionarios y los otros que habían sido alzados o familiares de alzados fusilados o muertos, la gran realidad es que minaron esas lomas con armamentos militares, refugios bajo tierra. En ese lomerío hay armamento guardado, fíjate que por ahí hay zonas que tienen una cerca con un letrerito que dice "Zona Militar" y si te metes ahí nadie sabe lo que te puede pasar. Un amigo mío dice que hay tantos agujeros, o sea refugios entre las montañas, que eso parece un queso.

Es mentira ese cuento de proteger a los campesinos. Lo único que sé es que a los que dejaron viviendo fue porque se sabía bien que eran simpatizantes ciento por ciento del comunismo o que bajo ningún concepto se iban a meter en nada. Ahora hay algunos de ellos que dicen que nunca fueron simpatizantes del comunismo, que no saben porqué a ellos no los llevaron para Pinar. Podrá ser verdad, no lo sé, pero lo que sí sé es que por algo los dejaron viviendo allí cuando a otros los metieron en cárceles llenas de cercas y alambradas. No quiero hablar mucho pero sí te digo que ese señor que tú me mencionaste y del que no debes poner nombre, ahora dice que nunca ha estado con Fidel Castro ni con el comunismo y mil boberías más pero me acuerdo bien que a él la milicia y el G-2 nunca lo citó ni molestó para nada, ni lo citaron para Pinar del Río y vivió siempre en una zona donde hubo bandas, donde operaron los alzados y donde muchas familias ayudaron a los alzados.

**Pedro:** Hubo personas que ayudaron a los alzados y no fueron molestados ni detectados por el G-2. Lo sé pero guardo el secreto. Ellos no pasaron por lo de los demás que estuvieron presos pero ayudaron mucho con medicinas, comida y hasta armas. Tal vez algún día lo pueda decir, pero si esto no cambia antes de morir, se irá el secreto conmigo porque mientras esté Fidel Castro en el poder no abro la boca para dar una pista. Algunos de ellos ya están muy viejitos y enfermos, tal vez mueran y nadie sepa las ayudas que dieron, pero eso es así en este país.

**Alfredo:** Yo soy muy joven, todo lo que sé del Escambray y de la lucha contra bandidos es lo que dijeron en la escuela los maestros y lo que he visto por los periódicos Granma que están en las Bibliotecas Públicas, en todos se habla muy mal de los alzados, les llaman 'bandidos', y a las guerrillas 'bandas.' No viví esa etapa porque nací en 1970 pero por lógica pienso que esa etapa no se ha abordado con mucha claridad. Sé que la historia siempre la escriben los vencedores y por supuesto los vencedores en Cuba responden a Fidel Castro y por nada del mundo se van a atrever a decir algo que empañe la imagen del Ejército Rebelde, ni del G-2, ni de las FAR. Hace poco me leí El Caballo de Mayaguara y me quedé espantado con los relatos del Caballo, cuenta sus acciones como una proeza. Tú vez como la mayoría de la gente en Cuba lo elogia y lo tilda de tipo duro. Mi padre estuvo preso en esa época y nunca lo he oído hablar nada al respecto, incluso delante de él no se puede mencionar ese tema ni en bien ni en mal.

**Carlos:** Yo era muy joven cuando la 'limpia' y tuve vínculos con jefes de guerrillas, o sea, lo que aquí en Cuba le dicen alzados. Eran gente de bien, valientes, defendían sus ideas, no querían el comunismo en Cuba y por eso se alzaron. Cuando uno rechaza algo es porque tiene razones. En aquellos momentos vieron al comunismo como una etapa horrible que se avecinaba y desde el principio lo rechazaron. Yo ayudé a salir alzados del Escambray para Estados Unidos clandestinamente, me jugué la vida porque si me agarraban me fusilaban pero bueno ese riesgo había que correrlo. Hoy están vivos allá pero guardan el secreto de que los ayudé porque si se sabe en Cuba, aunque hayan pasado 30 años me pueden juzgar porque la 'Causa del Escambray' quedó abierta para siempre en esta zona y aunque pasen muchos años el G-2 o la Seguridad del Estado como se llama ahora te puede juzgar. Yo sé muchas cosas de esa etapa, pero nada digo porque no pongo en peligro la seguridad de personas que están aquí y que aparentemente no se meten en nada pero tienen su tarea e hicieron en el pasado lo que debían hacer.

**Orlando:** Yo soy de Santa Clara, no conozco mucho de esa zona del Escambray. Nací en 1955, estudié en Cuba y en las aulas me decían lo de los bandidos pero después que empecé a disentir con el régimen he conversado con personas que vivieron esa etapa y por lo que me han contado eso fue una verdadera guerra civil. Ahí murió mucha gente inocente, esos campesinos y habitantes de los poblados cercanos tienen que haber sufrido mucho.

**Esperanza:** Yo sufrí mucho desde 1959 para acá, no quiero hablar de esa etapa. No te conozco bien y aquí nadie sabe quién es quién. Mi marido estuvo preso y di muchas vueltas de un pueblo a otro buscándolo para visitarlo, a veces llegaba a una prisión y lo habían cambiado para otra. Conozco a una mujer, la de Ramón Prieto, que estuvo un año sin verlo. Cuando llegaba a una prisión porque le avisaban que tenía visita se encontraba con que unos días antes lo habían cambiado para otra, perdía el viaje y a esperar entonces la próxima citación para visita, y así le volvía a pasar lo mismo, ya te dije, un año sin ver el marido. Yo no quiero hablar de eso, a mi no me pongas en esos papeles y si me pones di que tengo otro nombre.

**Lala:** No te tengo confianza, ni a ti, ni a nadie que venga a hablarme del pasado, no tengas en cuenta nada de lo que te diga mi papá sobre el combate en el que mataron a su hermano. Ya mi papá está viejo y habla muchas boberías, no le hagas caso. Si viniste a conocerlo y no quieres nada más, está bien, pero no le digas a nadie que estuviste aquí ni lo que él te dijo. Yo no tengo nombre, no me viste ni viniste aquí. No quiero que le saques fotos a mi papá.

**Fefa:** Yo vivía en Gavilanes, eso es por la zona del Pedrero, para ir allá el camino más directo es por Fomento. Era una niña de dos años cuando a mi familia la sacaron del lugar, fuimos de los primeros reconcentrados al inicio de la revolución. No recuerdo exactamente todo pero mis padres me contaron que a nosotros nos llevaron a vivir a un lugar cercano a Santa Clara que hoy le dicen Sin Nombre, en aquel momento aquello era una zona limpia, cerca de la carretera que va para Cifuentes. En aquel descampado nos metieron a vivir hacinados en unos barracones de piso de tierra y cartón negro, de ese que cuando lo calienta el sol se hace insoportable estar adentro y cuando llega el frío es igual que estar en una nevera, las mujeres y los niños en uno y los hombres en otro, todo revuelto, lleno de fango cuando llovía y polvoriento en época de sequía, eso sí lo recuerdo.

El lugar desde luego no tenía nombre y todo el mundo empezó a llamarlo Sin Nombre, después le nombraron Wilfredo Pagés pero la verdad es que casi nadie le dice así. Con el tiempo se fueron haciendo las casas y cada familia adquirió independencia, pero eso demoró así que me volví grandecita viviendo en albergues (como le dicen ahora a esos barracones). Eso fue tan al inicio de la revolución que muy poco se hablaba de alzarse contra Castro todavía. Otro grupo fue llevado en esa misma época para Sandino en Pinar del Río. Mis tías y primos fueron a dar allá, nos pasamos años sin vernos ni saber de ellos. Después vinieron otras llamadas "reconcentraciones" en las que también hubo injusticias y desgarramientos familiares. Mis hermanos nunca han podido olvidar eso, ellos eran más grandecitos y recuerdan mejor, hoy por hoy cada vez que tienen un tiempo suben para allá para Gavilanes porque dicen que aquella es su patria porque fue allí donde nacieron, pero claro, van de visita y de recorrido, porque realmente nos despojaron de todo lo que tuvimos allá arriba en la montaña, ahora somos unos 'montunos de tierras llanas'.

**Andrés:** Yo estuve preso muchos años, no fui alzado, mi labor era el clandestinaje para apoyar desde el llano a los alzados.

Participé en un intento de sabotaje a principios de la revolución pero nos agarraron antes de hacerlo, nos hicieron juicio y condenaron a 25 años, éramos tres, aún estamos vivos los tres, uno de ellos creo que vive en Falcón, cerca de Placetas, el otro por Camagüey. Regresé aquí a Manicaragua cuando salí de la prisión, pero me tienen prohibido subir al Escambray pues enseguida la Seguridad del Estado me llama a la Unidad de la Policía para advertirme.

¿Que por qué no me dejan subir? Yo no sé porqué no me permiten subir para allá, pero lo cierto es que una vez lo hice para probar y enseguida me llamaron a contar. El problemas es que conozco muy bien esas lomas por que las anduve todas de arriba abajo y como ahora todo eso ahí arriba está lleno de refugios, de armamento militar y de sabrá Dios cuantas cosas, y soy considerado un contrarrevolucionario y un gusano, tal vez temen de que pueda dar información de algo que vea por ahí arriba. Tú sabes bien que ahí arriba se hacen cada cierto tiempo maniobras militares y suben muchos carros militares cerrados que nadie sabe lo que llevan. Además en El Nicho hay un campamento de entrenamiento militar para tropas especiales y se entrena personal de todo tipo que le llaman rangers.

**Rita:** ¿Quién te dijo que en el cuartel de Güinía el Che libró tremendo combate? No, eso no fue así, lo que pasa es que ahora todos los años la han cogido por hacer un recordatorio de la toma de Güinía por ese hombre y lo presentan como un combate tremendo y a él como un luchador extraordinario pero en realidad si los rebeldes no tomaban ese cuartel era porque no servían para nada. Mira lo que dicen en estos papeles que publican aquí en Cuba y que la gente tiene que creer porque no hay otra información. *"El 26 de octubre a las 10 y 30 de la noche un par de pelotones de la columna 8 atacaron el puesto de la Guardia Rural de Güinía, donde había una guarnición de 14 soldados. Tras varias horas de combate, un bazucazo* *lanzado por el propio Che, desesperado porque el arma estaba en malas condiciones y su operador habitual fallaba, definió el encuentro. Ramiro Valdés encabezó el grupo de combatientes que entraron al cuartel desarmando a los soldados. La operación, aunque exitosa porque culminó con un muerto, 4 heridos y 9 soldados prisioneros y el cuartel incendiado, por lo que ahí ya nunca volverían a instalarse tropas de la dictadura, había estado llena de imprecisiones, se habían gastado demasiadas municiones, la bazuca era un desastre, la columna aún no funcionaba de una manera coordinada. Pero la importancia de la operación iba más allá de los resultados obtenidos, había establecido la nueva dinámica de la lucha en el Escambray, llegar y combatir, no dar respiro al enemigo".*

Mira mi hija aquí la verdad hay que buscarla en los que quedamos vivos y vimos aquello de cerca porque si te llevas por lo que dicen no tendrás la realidad, unos te hablan bien por miedo y otros porque se creen la historia de esa manera. Desde luego los más jóvenes ni idea real de esa etapa tienen.

**Ramona:** Mi esposo es hijo de un campesino que fue mandado para Miraflores. A mi esposo lo trataron muy mal aquí en Manicaragua cuando se supo que era hijo de un hombre que había estado preso porque colaboró con los alzados. Lo sacaron del trabajo y lo tenían como hijo de contrarrevolucionario. Mi esposo no dice nada, ni en bien ni en mal pero aquí en mi casa no queremos a nadie hablando bien de Fidel Castro, porque no tenemos nada que agradecerle, lo único que hemos recibido de él es pobreza y miseria, y esa mi niña, nadie la agradece.

**Yolanda:** ¿La toma de Manicaragua? Nada del otro mundo, cuatro tiros y ya. Además aquí no había tantos casquitos ni tanto despliegue militar para eso. Sí, ahora se hace mucho homenaje y se pretende pasar a los rebeldes como unos superhéroes pero en realidad ellos no hicieron nada del otro mundo porque esa resistencia tremenda de la que hablan en los libros no existió. De verdad que hay que creer cada cuentos. Pero nadie dice lo contrario. Tú te imaginas que alguien se va a parar en las Cuatro Esquinas de este pueblo a decir que eso es mentira, que aquí la toma de Manicaragua fue tan rápida que los rebeldes no tuvieron tiempo de lucírselas como valientes ni nada por el estilo, porque ni los guardias plantaron combate, ni hubo resistencia alguna.

**Lidia:** Aquí en este pueblo tuvo Félix Torres las queridas y mujeres que quiso. Atenido a que estuvo por aquí cuando aquello de la liberación de Manicaragua y del Plan Escambray se creía el dueño del pueblo. Yo conozco a una que fue su querida, tu también porque te la voy a enseñar. No te vayas a creer que todos esos rebeldes eran decentes y educados. Hubo algunos que sí, pero la mayoría creyeron haber alcanzado la gloria cuando se involucraron en lo de la revolución. A Sinecio Walsh sí lo conocí de vista, él era querido por todos, era un hombre fuerte, de buena apariencia, sí era verdad que le gustaban las peleas de gallos pero en esta zona a todo el mundo, mayormente hombres, le gustaban las peleas de gallos. Hoy en la radio y la televisión lo presentan como un bandido pero en realidad era un hombre valiente y fue verdad que reunió cantidad de alzados en la zona de Veguitas donde tuvo su campamento. Lo que pasó fue que lo agarraron enseguida. Le dieron garantías de vida sin embargo enseguida lo fusilaron, aquí en Manicaragua la gente se sintió muy mal con eso, pero nadie lo decía por miedo. Yo era muy joven en esa etapa y hablar libremente en contra de lo que hacían los fidelistas traía problemas.

**Abuelo Demetrio:** Yo tengo 90 años, cuando los primeros años del comunismo yo tenía hijos adultos. Recuerdo bien esa etapa. A mí nadie me puede hacer un cuento. Estuve preso en

Condado y allí me torturaron. No fui el único, éramos varios, mis hijos también pasaron por allí. Fíjate que estábamos en Condado yo, mis hijos y algunos familiares más a la vez. Mi mujer sí pasó tristeza, tú sabes lo que es tener presos juntos el marido, un hijo, hermanos, sobrinos y todos acusados de lo mismo. Ella ya no te puede contar porque perdió la memoria y está muy afectada, pero yo todavía con esta edad tengo muy clarita la memoria. Nada de aquello se me olvida. Tú quieres peor tortura que sentar a un hombre encima de una caja de muerto y decirle, *"ahí te vamos a echar cuando terminemos este interrogatorio y te llevemos a fusilar"*.

Mira a nosotros nos desnudaron, era diciembre, había frío. Así nos tuvieron todo el tiempo sin ropas, nos interrogaban, nos amenazaban, temblábamos del frío y de qué manera nos íbamos a guarecer. Todos éramos hombres, estábamos juntos en el mismo lugar no teníamos otro arreglo que no fuera encogernos un poco para aminorar el frío pero de cualquier manera se sentía igual, temblábamos y así no podíamos dormir.

El que me diga que aquí en Cuba no se ha torturado a nadie es porque no sabe qué es la tortura. Yo sé que cualquier tortura es mala pero esa que nos hicieron no dejaba huellas visibles. Otra cosa que usaron mucho en aquel tiempo era hacer como que te iban a fusilar. Te paraban entre tres o cuatro más, le disparaban a otro y te decían: —tú serás fusilado mañana. Eso pasó en el Escambray.

**Evelio:** Siempre estuve en contra de que implantaran el comunismo, yo era guajiro y sabía bien qué cosa era el comunismo y a mí nadie me confundió. Ahora por ahí dicen que los campesinos del Escambray se ponían a ayudar a los alzados porque los engañaron y les metieron miedo con lo del comunismo. Tal vez alguno se sintió engañado pero la mayoría que conocí te aseguro que no. Ayudaron a los alzados y se alzaron, porque estaban en contra de Fidel Castro.

**Carmen:** ¿La gente del 26 de julio y de la clandestinidad aquí? Sí, cuatro o cinco que la acción más arriesgada que hicieron en aquella etapa fue vender bonos para ayudar a los rebeldes. Por ahí están casi todos viejos, maltrechos y muertos de hambre y pobreza como casi todo el mundo en este pueblo. Cada vez que van a celebrar un aniversario de la "Toma de Manicaragua", los llaman, les hacen entrevistas, unos honores a nivel del municipio y se acabó, para su casa otra vez.

Aquí la tajada grande se la repartieron otros. Tú me preguntas por Dreke. Ese personaje lo vi de lejos varias veces. Estuvo aquí en Manicaragua hace poco para los festejos de la toma del pueblo, pero hacía mucho tiempo que no venía. Aquí no dejó amigos.

**Rolando:** Soy de Placetas, mi hermano se alzó y estuvo un año por esas lomas, pudo escapar de cercos y tiroteos y bajar de allí por vías secretas, lo tuve escondido en mi casa.

Mi casa quedaba lejos del Escambray por lo que tal vez por eso lo pude tener tanto tiempo sin ser detectado. Al cabo del tiempo lo sacamos para que saliera del país secretamente, pero hubo una traición entre la gente que se encargó de recogerlo en el punto en el que lo dejé después que salió de mi casa. En el viaje hacia el lugar de la costa de donde iba a salir del país, lo agarraron. Le echaron 25 años. Aquellos tiempos eran muy difíciles, había delaciones y traiciones por todas partes. No fui a prisión porque como a mi hermano lo agarraron lejos de mi casa y nadie sabía que yo lo tenía escondido, fue muy difícil acusarme.

Fui interrogado y citado varias veces. Ellos decían que yo era culpable por protegerlo pero les dije que a mi hermano no lo iba a entregar nunca y más sabiendo que lo fusilarían, porque en aquel tiempo fusilaron a mucha gente que estuvo en el Escambray. Mi hermano nunca habló de esa etapa ni con la familia ni con sus mejores amigos, no conocemos detalles del tiempo en que estuvo alzado. Cuando salió de prisión se incorporó a trabajar en Santa Clara en un taller como mecánico. Era un hombre muy reservado. Sus compañeros del trabajo lo querían mucho, los amigos también. Llevó una vida muy discreta y alejada de toda actividad política, cumplía con su trabajo y los días que no tenía trabajo en el taller se iba para mi casa en el campo, donde había estado escondido y se pasaba el día trabajando en las tierras junto con mi papá y conmigo.

El 'delito' que cometió fue que a principios de la revolución él y otros vecinos y amigos de la zona hicieron un sabotaje a chivatos y seguidores del régimen. El grupo fue detectado y le dijo a los demás que él se iba para el Escambray asumiendo toda la responsabilidad para que el resto no cayera presos. Se alzó pero la cosa en las montañas se puso muy mal y fue por eso que bajó, aunque ya era buscado por ese delito. Coordinamos por varias vías para sacarlo clandestino del país pero como te conté una de las personas que se involucró en el asunto para sacarlo traicionó y por eso lo agarraron. El traidor vive en Falcón, ahí ha estado siempre como si nada, protegido por los comunistas.

**Wilfredo:** Yo soy muy joven, tengo 32 años, como vez no viví la etapa difícil del Escambray lo que sé de todo ese tiempo es porque lo leí en libros que han entrado aquí a Manicaragua del exilio como 'Cuba en guerra' y me quedé muy impresionado con lo que conocí. La verdad es que uno no sabe nada del lugar donde vive. Aquí en las escuelas ni hablan de eso, dicen lo contrario. Ese libro aclara muchas cosas pero ya sabes lo escribieron en otro país y fíjate que entró aquí por la vía de las bibliotecas independientes que tienen funcionando la gente de la oposición.

Cuando te vi leyendo "El Caballo de Mayaguara" lo saqué de la biblioteca municipal para leerlo. Allí hay varios libros que hablan sobre el Escambray pero la verdad es que todos pintan las cosas muy buenas para el lado del Ejército Rebelde y la ponen muy desfavorable para los alzados. Además la crudeza con que ese 'caballo' narra lo que hizo en las lomas lo deja a uno helado. La historia del Escambray está por escribirse.

**Michael:** (16 años). No tengo ni idea de lo que estás hablando, yo de eso no sé nada ni he oído hablar jamás del tema. Es más que ni me acuerdo bien de lo que dijeron en las clases sobre ese asunto, lo único que me surge de pronto es que el "Che" anduvo por esas lomas. Claro todos los años en Güinía celebran que atacó el cuartel.

**Luis:** Por la zona de La Lima se hicieron seriales televisivos del Grupo de Teatro Escambray donde reflejan ese período. Fue por la zona de La Lima donde hubo alzados que se escondieron en letrinas para que no los detectaran, hay una escena de un hombre que lo sacan de allí los milicianos, eso ocurrió en la vida real, el hombre era de La Moza. También hicieron dos películas 'Río Negro' y 'El Hombre de Maisinicú,' donde presentan esa etapa del Bandidismo en el Escambray.

# ~20~

## La historia limpia.

En el marco de la manipulación de la historia que el régimen totalitario ha impuesto en Cuba creó una serie de instrumentos culturales que usaba a su voluntad, el más recurrido de estos medios fue el cine pero también el teatro, por eso constituyó en 1968 el Grupo Teatro Escambray.

El director de esta agrupación que servía exclusivamente a los intereses propagandísticos del sistema se llamó Sergio Corrieri. Compartió toda la etapa directiva con su madre Hilda Fernández. Ambos reconocidos actores de teatro en la capital, aceptaron la propuesta del alto mando de la dirección de Cultura y del Partido Comunista de Cuba.

Cuando el grupo se instaló en el territorio hizo una labor de estudio, investigación y análisis de la región y llevó al teatro obras que reflejaban los intereses del régimen. Nunca plantearon los problemas sociales que padecían los habitantes de la zona, en particular los campesinos.

Sus obras no abordaron temas reales como la expulsión de campesinos de la zona a la región extremo occidental que años más tarde fueron conocidos como los Pueblos Cautivos. Tampoco mencionaron los espúreos procesos judiciales a que fueron sometidos miles de lugareños que recibieron condenas de hasta 30 años de cárcel y por supuesto, no se encuentran referencias de los fusilamientos que tuvieron lugar en La Campana, irónicamente situada a un kilómetro de donde radicaba el grupo teatral. Sólo expusieron los conflictos y sufrimientos de los que perdieron familiares porque siendo 'milicianos' fueron a combatir a los 'alzados.'

Desafortunadamente este tipo de teatro orgánico mal informó a toda una generación que no tenían otro tipo de información y en consecuencia no estaba en capacidad de hacer un juicio de valores a plenitud. Los que no vivieron la Guerra de Escambray creyeron en su gran mayoría en la 'supuesta verdad' que reproducían las obras de teatro.

Lo más triste de toda esa parte de la historia es que el grupo de teatro hizo giras por todo el país y luego por el extranjero presentando en escenas todo el proceso de los primeros años de la Revolución y la imagen que ofrecieron al mundo fue la de un Escambray colmado de paz, felicidad y de campesinos deseosos por construir el comunismo y la nueva sociedad, cuando en realidad miles de campesinos habían sido sacados por la fuerza de la región y otros tantos que residían en poblados cercanos eran limitados en todos sus derechos. Vigilados y controlados por haber sido familiares de alzados o simplemente por 'ser del Escambray'.

Ofrecieron la imagen de un territorio colmado de escuelas para becados con estudiantes contentos de estar separados de sus familiares. La realidad era otra, los educandos estaban en una especie de reclusión disfrazada, la alimentación pésima, las condiciones de vida en constante deterioro, la educación formal en proceso de desintegración y la instrucción académica no satisfacía los más elementales requerimientos de un verdadero plan de estudio, porque los jóvenes se veían obligados a recibir formación política y trabajar en labores del campo.

El hecho que situó a Corrieri en el Olimpo comunista tuvo lugar en 1975 cuando filmó 'El hombre de Maisinicú'. El actor interpretó a Alberto Delgado un hombre que a principios de la revolución fue designado por el G-2 como administrador de una finca en una zona intrincada del Escambray. Corrieri, para quien el papel no era muy complicado porque también colaboraba con la policía política y conocía los mecanismos de la misma, en el rol de Delgado espió a un grupo de personas que ayudaban a los alzados y cuando se ganó la amistad y la confianza de todos los traicionó. La apostasía de Corrieri-

Delgado costó la vida de 16 hombres entre los que se encontraban Julio Emilio Carretero y Maro Borges.

Años más tarde Sergio Corrieri, en reconocimiento a su militancia política y por su fidelidad a la dictadura fue promovido a posiciones importantes en las altas esferas del gobierno. Ocupó la presidencia del Instituto Cubano de Amistad con los Pueblos y miembro del Comité Central Partido Comunista de Cuba.

La verdadera historia del Escambray en cierta medida continúa virgen. Algunos opositores y periodistas independientes han realizado investigaciones pero lamentablemente por el control que ejerce el gobierno no se pueden profundizar. Son muchas las dificultades que encuentran los investigadores, entre ellas la represión policial, pues la zona permanece bajo un fuerte chequeo policial. Los testigos no quieren hablar, temen nuevas represalias.

La zona sigue atendida directamente por los altos mandos de las FAR y por esa razón la idea de gestar un grupo opositor de inmediato trae consecuencias graves.

Existe en los municipios más cercanos a las montañas equipos especializados de agentes del MININT para controlar la situación y tener dominio de los movimientos de los opositores, a algunos de ellos los denominan 'agentes verticales' porque solo se subordinan al Ministro de las Fuerzas Armadas. Siempre están vestidos con ropa de civil y la visión que recibe el viajero es que en el Escambray, como en cualquier otro lugar de la isla, la policía no está presente y los militares tampoco.

Entre el año 1999 y 2000, trabajaba en la Biblioteca Pública de Manicaragua, una especialista de información que pretendió hacer una investigación sobre una 'banda de alzados' y seleccionó las guerrillas que comandaron Porfirio Guillén y Manuel "Congo" Pacheco. La investigadora se quejó de las dificultades que confrontó por los pocos libros existentes sobre el tema y que los periódicos del Archivo Provincial apenas reseñaban noticias sobre el asunto. Por otra parte le era muy difícil comunicarse con los familiares de los "guerrilleros" porque no vivían por allí o se negaban a darle testimonios.

Un tiempo después otro trabajador de cultura quiso hacer una investigación sobre la décima campesina, sus exponentes y cultivadores en la zona. Se encontró con el mismo problema - todos se habían ido de las montañas o caseríos, se habían mudado para otros poblados lejanos o ausentados del país, o simplemente no cantaban.

En una breve indagación se pudo saber por boca de dos poetas repentistas lo siguiente: *"Todo se acabó cuando se llevaron a Pinar del Río a algunos, otros se fueron del país y los que quedamos no cantamos loas a Fidel Castro. Aquí se perdió esa costumbre"*.

En la región el género del repentismo fue muy afectado. Los poetas tenían que cantarle a Ernesto "Che" Guevara, a Fidel y a la Revolución.

Otro campesino repentista dijo que los campesinos que habían sido llevados a los "Pueblos Cautivos" habían compuesto unas décimas muy bonitas sobre esa etapa, pero quienes se las sabían ya vivían en Estados Unidos.

En conclusión, el propósito era arrancar del entorno montañoso villareño a los campesinos que se oponían al régimen y eso significó cercenar las costumbres y tradiciones más ascentrales de la región. Pocos recuerdan cómo preparar en un pilón el café y hasta domar un caballo. Ni pensar en las peleas de gallo o jugar a las cartas. De hacer un guateque sin control gubernamental y menos entablar una controversia entre varios poetas o aprendices de poetas donde se puedan abordar temas políticos contrarios el régimen.

La gracia guajira, la manera montuna, la hospitalidad campesina, la herencia cultural del campesino, la tradición, todo eso se perdió por obra y gracia del zarpazo comunista.

En el año 2000 se creó la primera Biblioteca Independiente

en la casa del profesor Evelio Osmel Rodríguez, quien puso al servicio de la población todos sus libros personales así como los que recibía de distintas instituciones extranjeras y de los departamentos de Prensa y Cultura de las embajadas de España y Estados Unidos quienes le hacían donaciones de revistas, copias de la Declaracion Universal de los Derechos Humanos y materiales relacionados con la Geografía mundial, con la cultura universal, así como algunas novelas y poesías de escritores reconocidos internacionalmente por las cualidades literarias y que lamentablemente no se publican ni pueden leerse porque la censura no lo permite.

Desde ese momento también por la vía de las Bibliotecas Independientes llegaron a la zona materiales publicados fuera de Cuba como los "Calendarios de la Memoria Histórica" y el libro "XXX Aniversario del Cierre de Presidio de Isla de Pinos", entre otros. Todas esas publicaciones nos ofrecían una versión diferente a la oficial, basadas en testimonios de quienes vivieron la etapa del llamado "bandidismo" y que por razones políticas salieron de Cuba o cumplieron años de cárcel.

Después de estas informaciones surgieron inquietudes en diferentes sectores de la población que llamaron la atención del resto de la ciudadanía y de oficiales y cooperantes del G-2, o MININT como ahora suele llamársele. Paradójicamente a pesar de la atención que la policía política prestaba a las informaciones, de la región comenzaron a hacerse denuncias sobre violaciones de derechos humanos. Estas se remitían por vía telefónica y luego se escuchaban por Radio Martí.

Se impartieron varias conferencias sobre asuntos relacionados con la sociedad civil. El 28 de enero del 2001 se convocó a una reunión para rendir homenaje a José Martí, desde luego ajena a la orientación oficial. Todo transcurrió sin mayores incidencias aunque con vigilancia policial, lo que se comprobó después cuando varios de los participantes fueron citados por la Seguridad del Estado y advertidos de que debían alejarse de ese tipo de manifestaciones.

El 10 de diciembre del 2001 se creó la OIDHE "Organización Independiente de Derechos Humanos Escambray", a la institución se sumaron residentes de Fomento, Cumanayagua, Manicaragua y de poblados más pequeños como La Moza, La Campana, Barajagua.

El recién formado grupo que había nombrado a Arturo Pérez de Alejo como presidente ganó rápidamente prestigio y Manicaragua se transformó nuevamente en un foco de resistencia que aunque diferente al que ya había tenido lugar 40 años antes, sí tenía el mismo propósito de libertad y democracia.

La situación se tornó complicada para la Seguridad del Estado, diariamente la emisora Radio Martí daba noticias que se originaban en el mismo poblado de Manicaragua.

El 20 de mayo del 2002 se realizó una reunión para conmemorar el centenario del arribo de Cuba a la independencia. El acto se celebró en la casa de unos de los activistas y asistieron más de 50 personas de los tres movimientos oposicionistas que operaban en el territorio.

Se constituyó la "Agencia de Prensa Escambray" que rápidamente comenzó a enviar informaciones, incluyendo artículos de opinión, que exponían los serios problemas que enfrentaba la economía, las deficiencias en el transporte, la salud, las necesidades que padecían en las escuelas los estudiantes becados y la grave crisis alimentaria que había en toda la isla, pero específicamente en Manicaragua, Fomento y Cumanayagua.

Esto determinó que uno de los primeros arrestos de la denominada "Primavera Negra de Cuba" también denominada Causa de los 75, ocurriese en Manicaragua en la persona de Arturo Perez de Alejo Rodríguez.

Otro de los arrestados en la "Primavera Negra" fue Blas Giraldo Reyes Rodríguez.

Blas Giraldo Reyes nació en el Escambray, adolescente fue

deportado junto a sus padres a Pinar del Río. Vivió en los Pueblos Cautivos en el poblado de Ramón López Peña y en el momento de la detención hacía muy poco tiempo se había logrado instalar en el poblado de Sancti Spíritus.

Su padre cumplió condena por 'ser del Escambray'. El, junto a sus esposa e hijos vivió las duras condiciones que el régimen le impuso a un número de campesinos del Escambray que solo habían cometido el delito de no proclamar su adhesión a la Revolución.

La sentencia refiere: "…El acusado Blas Giraldo Reyes Rodríguez tiene cuarenta y siete años de edad, su procedencia social es de una familia campesina, sus padres, colaboradores de las bandas de alzados que operaban en el centro de la isla en la década del 60, recibiendo influencia negativa hacia el proceso revolucionario, por parte de la familia y amigos, manteniendo en la actualidad esa conducta, no pertenece a ninguna organización política y de masas, no participa en actividades convocadas por las mismas realiza abiertamente manifestaciones contra la revolución cubana".

Durante el proceso a Blas Giraldo Reyes constantemente le reprocharon su conducta 'contrarrevolucionaria' debido a ser hijo de un 'colaborador de bandidos en el Escambray'. Su padre, anciano, enfermo y desvalido estaba presente en el juicio y volvió a sufrir en carne propia el dolor, nunca curado.

Blas Giraldo Reyes fue sentenciado a 25 años de privación de libertad en la "Causa de los 75". Volvió a prisión por un nuevo decreto del castrismo.

Arturo Pérez de Alejo fue sentenciado a 20 años de privación de libertad. El documento de acusación apunta: **"SEGUNDO RESULTANDO: …por ello el oficial Operativo del Departamento de Seguridad del Estado de la provincia de Villa Clara VIDAL MELENDEZ LOPEZ, expuso con claridad y propiedad la integración del acusado a la contrarrevolución interna, con datos de los grupos en** que ha militado, organizaciones que bajo el manto de ser defensoras de los derechos humanos en nuestro país persiguen el propósito de derrocar la Revolución Cubana, refiere además que fundó en Diciembre de 2001 su "Organización Independiente" y el territorio que abarca esta, precisamente el macizo montañoso del Escambray, escenario del bandidismo en nuestra provincia a raíz del triunfo de la Revolución"

Los delitos de Arturo Pérez de Alejo y Blas Giraldo Reyes fueron acciones y procederse que se practican en el mundo entero como 'libre ejercicio democrático'. Veamos:

• Tener en sus casas libros, revistas, folletos y periódicos publicados en España y Estados Unidos.-Leer libros que no se publican en Cuba y que no son autorizados porque el régimen cubano los considera 'nocivos' ya que se refieren a asuntos relacionados con la democracia, derechos humanos.

• Tener, repartir, leer y analizar en grupo la Declaración Universal de Derechos Humanos.

• Denunciar violaciones a los derechos de los ciudadanos.

• Expresar en público que su país necesita cambios y elecciones libres.

• Rendir homenaje a José Martí.

• Celebrar reuniones o actos, en sus propias casas, para rendir tributo y homenaje a niños asesinados por acciones violentas y criminales de las tropas cubanas que obedecen y sirven a la dictadura. Por echar flores en el mar como tributo a cuatro jóvenes asesinados el 24 de febrero 1994 por la aviación militar cubana dirigida y controlada también por los gobernantes del país.

• Tener algunos frascos de medicinas, vitaminas, y artículos de primeros auxilios en la casa y declarar incluso que se repartían entre los necesitados sin distinción de raza, ideología y credo.

• Visitar las sedes diplomáticas de otros países en Cuba que tenían Departamentos de atención a los Derechos Humanos y

Departamentos de Prensa y Cultura (desde luego con la venia de esos países).

• Recibir en la casa visitas de personas calificadas por las autoridades como contrarrevolucionarios.

• Recibir en la casa personas de otros países de visita en Cuba y que en un ejercicio de solidaridad con los miembros de la oposición les visitaban.

• Recibir en sus casas, como expresó un testigo de cargo en el juicio, personas que hablaban otro idioma.

Los pobladores de más edad que ya en el pasado habían sufrido el horror de la 'Limpia del Escambray', de los fusilamientos, de los pueblos cautivos, no necesitaron muchas explicaciones para darse cuenta que el terror enseñaba nuevas garras.

Los más jóvenes, que no conocían esa parte de la historia del Escambray porque como ya se ha dicho en este libro no se aborda desde esa perspectiva en las aulas cubanas, apenas entendían qué estaba pasando. Se conformaron con lo que oían por las calles o simplemente ni se enteraron porque no fue información pública porque no fue tratado en ningún periódico local.

La prensa y la radio trataron de manera muy escueta el asunto siempre precisando que "grupúsculos contrarrevolucionarios" habían puesto en peligro la soberanía del país y que habían sido juzgados por traidores y entreguistas. No dieron listas de nombres ni lugares donde vivían.

Para el régimen no es saludable que el Escambray exponga un rostro diferente al que han impuesto en las casi cinco décadas transcurridas. Hay en los valles y montañas demasiado dolor, pesar, desarraigo y humillación. Destapar una 'versión castrista' de la caja de Pandora solo arrojará verdades, cadáveres y denuncias de miles de hombres y mujeres víctimas de una guerra civil silenciada, adulterada y tergiversada desde todos los ángulos de la 'historia'.

Idolidia Darias

# Epílogo.

Para cualquier cubano que estuvo preso por causas políticas, que fue desterrado o que por alguna razón (también política) tuvo que exiliarse no resultan incomprensibles términos que se manejan en este libro.

Para los cubanos que dentro de Cuba han tomado el camino de la rebeldía y de la lucha contra el totalitarismo, tampoco resultan incomprensibles muchos temas que aquí se tratan.

Pero para una parte de Cuba que aún no conoce la verdadera historia de su país, porque desde que fue a la escuela sólo ha visto y escuchado la verdad del comunismo impuesta y superpuesta, este libro les resultará un tanto sorprendente, como le deben resultar otros, escritos por los protagonistas de la resistencia al comunismo.

Lo que aquí se recoge es una pequeñísima parte de la historia que el hombre nuevo de Cuba no conoce, ni imagina porque el castro-comunismo la ha borrado imponiendo otra.

Los hombres y mujeres que aquí ofrecen sus voces vivas para dar el testimonio son también una representación pequeña de aquel grupo de valientes jóvenes a los que el comunismo le cobró el precio más alto: el de la juventud transcurrida tras las rejas.

Mi anhelo mayor es que este libro lo lean los cubanos donde quiera que estén y que la interrogación los invada para que salgan a averiguar qué les falta por conocer de su patria y cómo pueden componer el vacío intelectual, humano y moral que nos impuso como herencia fatídica el castrismo.

Aún en los poblados del Escambray, en las casas humildes del lomerío, en las calles de Santa Clara, Sancti Spíritus y Cumanayagua, en los Pueblos Cautivos de Pinar del Río, en toda Cuba, en muchas partes del mundo hay un gran número de hombres y mujeres que recuerdan…y saben. A ellos es importante acudir para que nos cuenten. Eso nos ayudará a razonar desde la Otra realidad para que no sigan secuestrando la memoria histórica.

# Bibliografías consultadas.

-La Guerra Olvidada. Autor Enrique Encinosa.
-Mártires del Escambray. Autor Pedro Corzo Eves
-Cuba Cronología de la Lucha contra el Totalitarismo. Autor Pedro Corzo Eves.

# Glosario.

-Joaquín Membibre, Diosdado Mesa y Vicente Méndez, miembros del Ejército Rebelde, se sublevaron tomando el cuartel donde estaban destacados y se alzaron en el Escambray con las armas confiscadas. Es posible que la rebelión de estos tres oficiales haya sido la primera sublevación armada de una posta militar bajo el régimen revolucionario.

-Joaquín Membibre, Diosdado Mesa, Vicente Méndez y Edel Montiel, tomaron la decisión en un momento de la lucha de salir del país e indistintamente cruzaron la sierra rompiendo cercos, hasta llegar a las cercanías de Santa Clara, donde contactos clandestinos, los ayudaron a salir del país en un barco. Montiel y Méndez, estaban heridos.

-Plinio Prieto, Edel Montiel y Evelio Duque habían sido oficiales guerrilleros en la lucha contra Batista. Edel Montiel abandonó la comodidad de su puesto de Director del Hospital de Topes de Collantes para formar una guerrilla con campesinos de la zona.

-Evelio Duque y tres de sus hombres se pasaron semanas viviendo en una cueva, hasta que lograron abandonar clandestinamente el Escambray y obtuvieron asilo político en una embajada en La Habana.

-Plinio Prieto, fue comandante del Ejército rebelde, maestro de escuela que había sido una de las figuras principales de la OA (Organización Auténtica) durante la lucha contra Batista.

-El MRR era por aquel entonces, la agrupación clandestina que más recursos poseía y estaba comprometida en ayudar a los diferentes focos guerrilleros que operaban en todo el país. La estructura clandestina del MRR en Cuba estaba dirigida por un joven combatiente de nombre Rogelio González Corzo, conocido por el nombre de guerra de "Francisco". Algunas informaciones apuntan que la dirección del MRR había acordado darle el mando de los insurgentes del Escambray a Plinio Prieto, con Sinecio Walsh de lugarteniente.

-El juicio de la Primera Causa del Escambray se llevó a cabo en Santa Clara, entre el 11 y el 12 de octubre de 1960. Dejaron el juicio concluso para sentencia en la tarde del dia 12, sin embargo, esa misma noche cinco hombres de los enjuicidaos fueron conducidos a la finca La Campana en Manicaragua y fusilados. Sus nombres Plinio Prieto, Porfirio R. Ramírez, Sinecio Walsh, Angel Rodríguez y José Palomino

-El 15 y 16 de julio de 1961, en el Cicatero, en lo profundo del Escambray, se celebró una reunión de jefes guerrilleros a la que asistieron los principales líderes de la insurrección.

-FURE (Frente Unido Revolucionario del Escambray), se comenzó a vertebrar en 1961. En junio 15 del propio año se reúnen cerca de Limones Cantero, Trinidad convocados por el Comandante Osvaldo Ramírez García con el propósito de reorganizar las fuerzas insurgentes que operaban en esa región montañosa. En el encuentro se acuerda nombrar a Osvaldo Ramírez jefe de todos los frentes guerrilleros; también se acuerda cambiarle el nombre de las fuerzas insurgentes por el de FURE.

-El jefe guerrillero Rigoberto Tartabul fue muerto en combate en un encuentro en el que participó su hermano. La muerte de Tartabul es uno de los eventos más mórbidos y trágicos de la guerra campesina. Como deferencia, el cadáver del alzado fue entregado a sus familiares permitiéndose que fuera velado apropiadamente.

-El 9 de marzo de 1964, Julio Emilio Carretero debido a la vileza de Alberto Delgado cayó en una trampa con catorce de sus hombres y Zoila Águila, "La Niña de Placetas", la única mujer que dirigió una guerrilla y fue juzgada y sancionada a 30 años de prisión, mientras los demás prisioneros fueron fusilados en los fosos de La Cabaña

-El 22 de junio de 1964 fueron fusilados en los fosos de La Cabaña los comandantes Julio Emilio Carretero Escajadillo y Maro Borges y los también guerrilleros Irineo Borges, Cuco Cedeño, Macho Jiménez, Raúl Morel Viciedo, Benito Rodríguez Pedraja, Andrés Orama, Tomás García Valles, Vale Hernández, Blas Ortega y Manuel Munso la Guardia (esposo de la niña del Escambray).

-En el combate que libraron los integrantes de una guerrilla el 4 de enero de 1963 en Sabanas del Moro resultaron muertos los capitanes Porfirio Guillén Amador, Juan 'Niño' Dévora Blanco y Gilberto Rodríguez Ramírez. Junto a los capitanes cayeron los guerrilleros José Ramón 'El Galleguito' Crespo, Idalberto Fuentes, Alfredo Luque, Norberto Colunga, Bernabé Pérez, Julián Hernández Cruz, René Sotero 'Soterito' y René Sánchez Méndez. Logró escapar Israel Pacheco quien un tiempo después fue apresado en La Habana y fusilado.

-Osvaldo Ramírez García. Muere en combate el 16 de abril de 1962.

-Manuel Congo Pacheco. Fue gravemente herido el 14 de abril en un combate en la zona de Charco Azul, el Escambray, trasladado a Santa Clara y ejecutado el día 15 de abril de 1963.

-El 1 de marzo de 1963 mueren en el combate del Monte Cuarenta Caballerías Tomás David San Gil Díaz, Nilo Armando Saavedra Gil, Mandy Florencia, José García Curiel, Celedonio Caballeira, Emilio Torres, El Primo, Berto González, El Habanero, otro combatiente solo conocido por el Chino Habana, Raymundo Rodríguez, Orestes Torrecillas, José Santander, Manolo Neyera, El Carnicero, Raúl Llerena y Osmundo León Guerra, Cascarita quien solo tenía 14 años de edad.

-El 25 de mayo de 1964 en un encuentro en el Escambray cae el jefe guerrillero José León Jiménez "Cheíto" quien se había alzado en 1961. Junto a él murieron Sergio Pérez Miranda, Mario Pisch Cadalso y Lorenzo Santana Duardo. Tenía 22 años de edad y fue quien ajustició al delator Alberto Delgado.

**Pueblos cautivos:**

-El 8 de septiembre de 1960 ocurre un desplazamiento forzoso de campesinos en la zona de la Cordillera de los Organos en Pinar del Río que son llevados por parte de las autoridades recién instauradas en el poder hacia el lugar nombrado Los Pinos en el municipio de San Cristóbal de la misma provincia. El argumento que usó la dictadura fue alejarlos de los focos insurgentes que había en el territorio montañoso en esa fecha.

-También en ese mismo año, sólo que tres meses después, utilizó el mismo argumento para sacar del Escambray en la provincia de Las Villas a otro grupo de campesinos que situó en lugares distantes.

-Según José Fernández Vera, que vivía en Trinidad en esa etapa 'el 14 de diciembre de 1960 tiene lugar en la región Escambray el desplazamiento forzoso de aproximadamente 300 familias acusadas por el gobierno de colaborar con los alzados en armas'.

-El 2 de enero de 1961 ocurre un desplazamiento forzoso de campesinos del Escambray para inpedir que continuaran apoyando a los insurgentes que operaban en el área. Las tierras y propiedades fueron confiscadas y el régimen se las entregó a sus simpatizantes. Uno de los casos más conocidos fue el del poblado de Condado, situado a una veintena de kilómetros de Trinidad.

-El 15 de diciembre de 1971, ocurre otro desplazamiento forzoso de campesinos del Escambray. En esta ocasión más de dos mil hombres de toda la región fueron citados por oficiales del G-2 en distintas zonas de los municipios donde vivían con el pretexto de 'de celebrar una reunión con ellos'.

Por la fuerza fueron llevados hacia un lugar cercano a la línea del ferrocarril en la ciudad de Santa Clara donde los hicieron subir a un tren que los condujo hacia la distante provincia de Pinar del Río. Allí los bajaron en distintas zonas en las que los mantuvieron en régimen de presidio durante años. En el libro "XXX Aniversario de la clausura del Presidio Político de Isla de Pinos" destaca el propio José Fernández Vera, quien ya en esta ocasión no fue expectador si no uno más de los elegidos por la dictadura para formar esta larga lista ... "Tal vez el término Pueblos Cautivos le diga poco al mundo pero, para los cubanos y en particular para los que sufrimos, los "Pueblos Cautivos" es uno de los sufrimientos más crueles que la tiranía castro-comunista desarrolló con el pueblo cubano".

# ANEXOS

Al calor de la creación del Instituto de la Memoria Histórica contra el Totalitarismo integrantes de la oposición en Villa Clara se unieron al propósito de rescatar todos los datos e informaciones que permitieran sacar a la luz toda la verdad que durante casi medio siglo la dictadura ha tratado de sepultar. Pudieron recoger testimonios de familiares y amigos de fusilados y presos políticos así como de colaboradores de alzados que aún viven en algunos poblados de la antigua provincia de Las Villas.

**Cementerio de Santa Clara**

Tomaron fotos de los osarios donde reposan los restos de algunos guerrilleros que fueron sepultados en la Necrópolis de Santa Clara y además identificar algunas tumbas de guerrilleros que al ser fusilados o morir en combate eran recogidos por la milicia comunista, y sin darle explicaciones a los familiares ni la más leve orientación los sepultaban y que luego de varios años e interminables pesquisas muchos familiares pudieron encontrar.

Otros familiares nunca lo han logrado.

Una parte de los combatientes caídos yacen en el Escambray en lugares que nadie ha podido identificar. Esos hombres forman parte de los muchos desaparecidos en aquella guerra civil que alimentó y propició Castro y sus seguidores en el Escambray.

Testimonio de Jorge Luis Artiles Montiel, sobrino de Edel Montiel.

Edel Montiel Lorenzo fue uno de los más conocidos jefes de alzados. Tomó las armas contra Fidel Castro en 1960, ubicando su zona de operaciones en el Escambray, específicamente en un territorio cercano a Charco Azul.

Corría el mes de noviembre de 1960. Por una delación, el ejército conoció que Edel y su tropa recogerían armas en una zona del Circuito Sur. Manuel Piti Fajardo ordenó cercarlo. A sesenta mil ascendía la cifra de efectivos del ejército castrista en la zona del Escambray, pero no lograron capturar a Edel Montiel que logró romper el cerco. Su perseguidor Manuel Piti Fajardo quedó en el campo de batalla y esto motivó que se desatara una persecución implacable contra ellos.Cayeron nuevamente en otro cerco y pudieron esconderse en la casa de un campesino, pero enseguida notaron que se acercaba la milicia que avanzaba en peine de "hombro con hombro". Sin pensarlo dos veces Edel subió, junto a Vicente Méndez, su segundo, a la canal que unía los dos techos de guano.

Los milicianos establecieron en ese bohío el puesto de mando. Durante tres días permanecieron Montiel y Méndez en el techo sin poder hacer el menor movimiento. Al cabo de ese tiempo y dando por escapados a los alzados, el pelotón de milicianos decidió levantar campamento.No iban muy lejos los milicianos y los dos hombres bajaron de allí sin percatarse que aún estaban a tiro de fusil. Descubiertos se hicieron al monte y lograron alcanzar un río al que entraron caminando para no dejar rastros. Extenuados llegaron a un montecito de caña brava y de nuevo tuvieron que agazaparse. Muy cerca les pasaron de nuevo los milicianos que les buscaban, pero ambos lograron burlarlos y enfilar rumbo hacia el Salto del Hanabanilla.

Allí tampoco estaban seguros. Otro descomunal peine los acosaba pero aún así pudieron salir de la zona. Gracias a la ayuda de un amigo fueron trasladados hasta el Hoyo de Manicaragua donde otro amigo les dio refugio en su casa.

Un chofer de Manicaragua conocido como el "Chino" los recogió y los trasladó hasta la Loma de Belén en la entrada de Santa Clara. Se cambiaron de ropa y atravesaron la ciudad hasta llegar al reparto Capiro donde fueron acogidos en una casa situada en Principal y Línea. Ambos estaban heridos y allí los curaron. Luego con la ayuda de algunos amigos salieron del país.

De igual manera precisaron los siguientes osarios en el cementerio de Santa Clara.

# INDICE DE HALLAZGOS.

NombreNecrópolis --- F. Defunción --

| | | |
|---|---|---|
| Blanco Martínez, Martín--- | C. Colón----- | 31-8-62 -----. |
| Carballeira, Celedonio----- | Sta Clara----- | 1-3-63 ------. |
| Cascarita. (Alias)---- ------ | Sta Clara----- | 1-3-63 ------. |
| García Curiel, José -------- | Sta Clara----- | 1-3-63 ------. |
| González, Berto ----------- | Sta Clara----- | 1-3-63 ------. |
| Habana, El Chino (Alias)- | Sta Clara----- | 1-3-63 ------. |
| Méndez Gutiérrez, Elio - | Sta Clara----- | 1-3-63 ------. |
| (Alias El Muerto) | | |
| Neyera, Manolo------------ | Sta Clara----- | 1-3-63-------. |
| Rodríguez, Reimundo----- | Sta Clara----- | 1-3-63-------. |
| San Gil Díaz, Tomás D.--- | Sta Clara----- | 1-3-63-------. |
| Saavedra Gil, Armando--- | Sta Clara----- | 1-3-63-------. |
| Santander, José------------- | Sta Clara----- | 1-3-63-------. |
| Torres, Emilio-------------- | Sta Clara----- | 1-3-63-------. |
| Torresilla, Orestes--------- | Sta Clara----- | 1-3-63-------. |
| Walsh Ríos, Sinecio------- | Sta Clara----- | 1-3-63-------. |
| Yerena, Raúl---------------- | Sta Clara----- | 1-3-63-------. |

| | | |
|---|---|---|
| UBICACIÓN EXACTA . | Calle | bloque osario. |
| Blanco Martínez, Martín---- | NE | 17 1  18 |

| | | |
|---|---|---|
| Méndez Gutiérrez Elio----- | 1ra transversal. ------ 1 691 | |
| | | Izquierda final. |

| | | |
|---|---|---|
| San Gil Díaz, Tomás----- | ídem. | 1--------- 728. |

| | | |
|---|---|---|
| Walsh Ríos Sinesio.------- | ídem. | 1--------- 405. |

Osvaldo Ramírez García - osario-- 1 147-- bloque número 2

* En los registros de enterramientos sólo obra el Alias. Estos coinciden con los datos obtenidos en bibliografías consultadas.

Después de indagaciones y búsquedas el equipo de Operación Rescate pudo comprobar que marcado con el número 405 existe un osario con el nombre de Sinecio Walsh Ríos, al lado de dicho osario, pared con pared, existe el osario 410 con los restos de Ladirla Ríos Peña, la madre de Sinecio, también encontramos allí el osario de Dora García quien fue su esposa, pero no obra fecha de defunción.

Según los libros del cementerio en el folio 47 número 273 estaba registrado Tomás San Gil y desde el número 272 hasta el 284 estaban registrados todos los miembros de su guerrilla.

Osvaldo Ramírez García: Cementerio de Santa Clara - En el osario 1147 del bloque # 2 - reposan los restos de uno de los hombres más audaces y preclaros en la lucha contra el castro-comunismo.

**Osario de Fusilados**

**Osario de Fusilados**

Participaron en esta labor de investigación para la Operación Rescate, Tomás González Coya y Luis Ramón Hernández Pérez.

# Obras producidas por el Instituto de la Memoria Histórica Cubana contra el Totalitarismo

El Instituto de la Memoria Histórica Cubana contra el Totalitarismo es un organismo que tiene como fin recuperar, investigar y divulgar todas las actividades realizadas por un amplio sector del pueblo de Cuba contra un régimen que conculca los más elementales derechos humanos, atentando así contra la dignidad del hombre.

Es derecho y deber de la Memoria Colectiva de la Nación Cubana recoger estas historias de hombres y mujeres que, en condiciones adversas y en base a sus convicciones, con diversas estrategias enfrentaron y enfrentan el totalitarismo.

Tenemos la certeza de que sólo el conocimiento apropiado del pasado es la mejor fórmula para impedir nuevas tiranías.

*Publicaciones del Instituto de la Memoria Histórica Cubana contra el Totalitarismo.*

**30 aniversario del Presidio Político de Isla de Pinos.
Comisión 30 Aniversario. 2000.**

Una compilación de testimonios de presos políticos que estuvieron encerrados en el Reclusorio Nacional de Isla de Pinos. La conmemoración de la clausura del reclusorio fue la base sobre la que se estructuró el Instituto de la Memoria Histórica Cubana contra el Totalitarismo.

**Luces entre sombras.**
**Ediciones Memoria. 2001.**
**Autor: Ángel Cuadra.**
**Instituto de la Memoria Histórica Cubana contra el Totalitarismo.**

El ensayo está sustentado en una conferencia que ofreció el autor en la ciudad de West Miami en el año 1996. En su charla enfoca la importancia de la creación literaria en la prisión, en particular la posía. Enfatiza la voluntad de crear en la libertad del espíritu aunque el cuerpo estuviese encarcelado.

**Las motivaciones de Pedro Luis Boitel.**
**Ediciones Memoria. 2001.**
**Autor: Ángel Cuadra.**
**Instituto de la Memoria Histórica Cubana contra el Totalitarismo.**

Un apretado ensayo en que el autor, laureado poeta y ex prisionero político, sintetiza en la persona del mártir Pedro Luis Boitel el martirologio de la juventud cubana en la lucha contra la dictadura castrista. No se trata de una biografía sino el enfoque de un momento particular de la historia de Cuba y el rol que cumplió la juventud de esa época.

**Calendario Histórico Cubano.**
**Ediciones Memoria. 2003.**
**Comisión Presidida por Ramiro Gómez Barrueco.**
**Instituto de la Memoria Histórica Cubana contra el Totalitarismo.**

Un novedoso calendario que recoge efemérides de la lucha contra el régimen totalitario. En cada día del año está señalada una gesta del pueblo contra la opresión. Cada mes está identificado con una o varias fotografías que evocan acontecimientos magnos o una serie de sucesos de particular trascendencia.

**Calendario Negro del Totalitarismo Cubano.**
**Ediciones Memoria 2005.**
**Presidente Comisión: Ramiro Gómez Barrueco. Integrantes. Carmen Toro de Gómez, Fermín M. Amador Chamizo, Enrique Ruano, Francisco Lorenzo.**
**Instituto de la Memoria Histórica Cubana contra el Totalitarismo.**

Un calendario que recoge efemérides de muchos de los crímenes cometidos por el régimen totalitario. En cada día del año está señalado un crimen contra el pueblo. Cada mes está identificado con una o varias fotografías que evocan acontecimientos magnos o una serie de sucesos de particular trascendencia.

**Cuba, Cronología de la Lucha contra el Totalitarismo.**
**Ediciones Memoria. 2003.**
**Autor: Pedro Corzo.**
**Instituto de la Memoria Histórica Cubana contra el Totalitarismo.**

En este libro encontrará el lector, en una secuencia cronológica, las acciones y actividades que, contra el régimen totalitario castro comunista, llevaron a cabo los cubanos desde el inicio del año 1959 hasta mediados del 2003: tanto en la lucha frontal ya dentro de Cuba, como desde el exterior, como en la etapa posterior de la lucha cívica no violenta, hombres y mujeres que se dieron en sacrificio, y también en martirologio, en aras de su patria. Sus nombres reclaman un espacio en la historia verdadera que se hará en la Cuba del futuro. Para ese momento, y desde ahora, este libro los salva y, para la historia, los consagra.

**Cuba, Cronología de la Lucha contra el Totalitarismo. 2da Edición.**
**Ediciones Memoria. 2007.**
**Autor: Pedro Corzo.**
**Instituto de la Memoria Histórica Cubana contra el Totalitarismo.**

En este libro encontrará el lector, en una secuencia cronológica, las acciones y actividades que, contra el régimen totalitario castro comunista, llevaron a cabo los cubanos desde el inicio del año 1959 hasta mediados del 2006: tanto en la lucha frontal ya dentro de Cuba, como desde el exterior, como en la etapa posterior de la lucha cívica no violenta, hombres y mujeres que se dieron en sacrificio, y también en martirologio, en aras de su patria. Sus nombres reclaman un espacio en la historia verdadera que se hará en la Cuba del futuro. Para ese momento, y desde ahora, este libro los salva y, para la historia, los consagra.

**Cuba: Clamor del Silencio.**
**Ediciones Memorias. 2005.**
**Autor: Amado Rodríguez.**
**Instituto de la Memoria Histórica Cubana contra el Totalitarismo.**

Este libro es el recuento del presidio político cubano bajo el totalitarismo castro comunista. En él aparecen testimonios y hechos desde los primeros presos políticos en 1959, hasta los relatos y las experiencias vividas, y que hoy mismo, año 2005, están teniendo los actuales presos políticos.
Están también los relatos de los familiares de presos políticos que visitaban a éstos en las cárceles; y los testimonios de mujeres que pasaron por las prisiones políticas en Cuba, y dejan aquí constancia de sus dramáticas memorias. Testimonios imprescindibles para la historia de este proceso.

**Cuba. Perfiles del Poder.**
**Ediciones Memoria. 2007.**
**Autor: Pedro Corzo.**
**Instituto de la Memoria Histórica Cubana contra el Totalitarismo.**

Perfiles del Poder es la monografía política de cinco jerarcas del proceso cubano y de la Revolución. El libro presenta aspectos de la vida de estos individuos que demuestras su verdadero carácter e intenciones.

La obra es el resultado de investigaciones y también de entrevistas con individuos que conocieron a los cinco personajes: Fidel Castro, Raúl Castro, Ramiro Valdés, Ernesto Guevara y Camilo Cienfuegos.

**Cuba y Castrismo. Huelgas de hambre en el Presidio Político.**
**Ediciones Memoria. 2007.**
**Autor: José Antonio Albertini.**
**Instituto de la Memoria Histórica Cubana contra el Totalitarismo.**

Este libro es un documento que recoge por medio de entrevistas realizadas por el autor, testimonios de quince ex prisionero políticos que rememoran sus experiencias en las huelgas de hambre en las que participaron, en las cuales muchos de ellos estuvieron muy cerca de perder la vida, al extremo que uno de los entrevistados que estuvo 23 años encarcelados le confeso al autor, "Me alimenté con el espíritu".

**Mártires del Escambray.**
**Ediciones Memoria. 2007.**
**Autor: Pedro Corzo.**
**Instituto de la Memoria Histórica Cubana contra el Totalitarismo.**

Testimonios de compañeros y familiares de los cinco mártires del 12 de octubre de 1960. El libro describe en una apretada síntesis el proceso de ejecución de Porfirio Ramírez, Sinecio Walsh, Plinio Prieto, José Palomino Colón y José Rodríguez del Sol.

## *En preparación.*

**Guevara: Anatomía de un mito.**

**Cuba: Una lucha contra la desesperanza.**

## *Documentales.*

**Al Filo del Machete.**
**Director: Pedro Suárez "Tin Tin".**
**Productor: Luis Díaz.**
**Productor Ejecutivo: Pedro Corzo.**
**Guión: Enrique Encinosa.**
**Instituto de la Memoria Histórica Cubana contra el Totalitarismo.**
**2001.**

Este documental, el primero del Instituto de la Memoria Histórica Cubana contra el Totalitarismo, recoge testimonios de personas que enfrentaron en los primeros años de la década del 60 al régimen totalitario. Estos hombres y mujeres al ver que sus derechos ciudadanos eran conculcados asumieron su responsabilidad y demandaron, fiel a la tradición de los mambises, con las armas en la mano, sus derechos.

**Yo los he visto Partir.**
**Director: Luis Guardia.**
**Productor: Pedro Corzo.**
**Instituto de la Memoria Histórica Cubana contra el Totalitarismo y Caimán Production. 2003.**

Dejar el testimonio de los últimos recuerdos e imágenes que quedaron en la visión y en los oídos de los compañeros de la prisión política cubana, cuando despidieron a aquéllos que los sacaban de las galeras y que no volverían a ver más, esa misión patética la cumple este documental que tiene como música de fondo la canción del preso político Manuel Villanueva "Yo los he visto partir". El régimen castro comunista les había impuesto la condena de "asesinato por fusilamiento".

**Tributo a Papá.**
**Director: Luis Guardia.**
**Productor: Pedro Corzo.**
**Instituto de la Memoria Histórica Cubana contra el Totalitarismo y Caimán Production. 2004.**

Este documental auspiciado por el Instituto de la Memoria Histórica Cubana contra el Totalitarismo, contiene los testimonios de diez mujeres cubanas, huérfanas de padre, al que no pudieron conocer, ya porque eran muy pequeñas o porque estaban al nacer cuando sus padres fueron asesinados por el régimen castro comunista impuesto en Cuba. Ese vacío de sus vidas lo han llenado con la idealización de sus "papás" que se asoman en el documental en las voces de sus hijas que los rescatan de la ausencia para la vida y la historia.

**Ernesto Guevara. "Anatomía de un Mito".**
**Director: Luis Guardia.**
**Productor: Pedro Corzo.**
**Coordinador general. Francisco "Paco" Lorenzo.**
**Instituto de la Memoria Histórica Cubana contra el Totalitarismo y Caimán Production. 2005.**

El documental Ernesto Guevara, "Anatomía de un Mito", muestra un individuo audaz, disciplinado e inteligente pero sin la plasticidad y creatividad de un verdadero conductor. Los testimonios de personas que lo conocieron en diferentes etapas de su vida son exponentes de su carácter cruel, despótico e irreverente y de una total intolerancia hacia aquéllos que fueran adversarios de sus postulados. Una reflexión sobre su vida permite apreciar que fracasó en todos sus intentos y que sus fracasos han sido convertidos en victoria por la colusión de intereses políticos y de mercado.

**¿Asesinaron los Castro a Camilo?**
**Director: Luis Guardia.**
**Productor: Pedro Corzo.**
**Coordinador general. Enrique Ruano.**
**Instituto de la Memoria Histórica Cubana contra el Totalitarismo y Caimán Production. 2007.**

El documental recoge testimonios de personas que conocieron al Comandante Camilo Cienfuegos y que por experiencias directas y propias investigaciones, concluyen que el alto oficial fue ejecutado por los hermanos Castro.

**Porfirio.**
**Director: Daniel Urdanivia.**
**Productor: Pedro Corzo.**
**Coordinador general. Enrique Ruano.**
**Instituto de la Memoria Histórica Cubana contra el Totalitarismo. 2007.**

Compañeros, amigos y familiares de Porfirio Ramírez, Sinecio Walsh y Plinio Prieto relatan sus experiencias en la lucha en las montañas cubanas contra el régimen totalitario y el apresamiento y ejecución de los mártires del 12 de octubre de 1960.

**Un Presidio Plantado.**
**Director: Luis Guardia.**
**Productor: Pedro Corzo.**
**Coordinador general. Enrique Ruano**
**Instituto de la Memoria Histórica Cubana contra el Totalitarismo.**
**2008.**

Prisioneros políticos del denominado Presidio Modelo describen sus vivencias en circulares y pabellones bajo el régimen totalitario cubano. El presidio de Isla de Pinos es considerado por muchos analistas y estudiosos de la historia reciente de Cuba, como la cárcel emblemática que testimonia la extrema crueldad de que ha sido capaz el régimen de los Castro.

## *En preparación*

**Boitel.**

**Mujeres por la Libertad.**

**Cuba Prensa Presa.**

www.ingramcontent.com/pod-product-compliance
Lightning Source LLC
Chambersburg PA
CBHW070354290526
45790CB00004B/1491